GUIDE DE SURVIE
DU PÈRE CÉLIBATAIRE

CHRISTOPHE QUILLIEN

GUIDE DE SURVIE DU PÈRE CÉLIBATAIRE

HACHETTE
Littératures

Ouvrage publié sous la direction
de Mireille Paolini

Bienvenue dans la grande famille des pères célibataires ! Vous venez de divorcer ou de vous séparer de votre compagne. Une autre vie commence : désormais, vous êtes tout seul pour élever vos enfants. Certains d'entre vous s'en occupent à plein temps. D'autres une semaine sur deux ou un weekend tous les quinze jours. Peu importe les modalités de votre organisation : vous voilà obligé de vous débrouiller pour faire face aux (nombreux) tracas du quotidien. Et votre programme est plutôt chargé. Cuisine à préparer, petits bobos à soulager, weekends à organiser, vacances à planifier... Père célibataire, c'est presque un métier ! Pourtant, le rôle n'est pas désagréable. Mais il comporte sa part de contraintes et de contrariétés. De quoi inquiéter les débutants, vite envahis par des angoisses existentielles. « Vais-je réussir à m'en sortir ? », se demandent déjà certains, prêts à battre en retraite et à rendre leur tablier avant même de l'avoir enfilé. Réponse : « Oui, bien sûr ! » D'autres sont déjà passés par là et s'en sont très bien tirés. Pourquoi pas vous ? Soyez rassuré : vous en êtes parfaitement capable. Seulement, comme dans toute situation inédite, vous devrez vous adapter. Acquérir les bons réflexes. Justement, ce guide se propose de vous aider. Ni enquête sociologique, ni mémento juridique, il se veut simplement le reflet de l'expérience vécue par d'autres papas en solo. Il se nourrit de leurs témoignages et passe en revue les difficultés très concrètes qu'ils ont rencontrées dans l'éducation de leurs jeunes enfants. (Il ne sera pas question des adolescents dans ces pages. À cet âge, les complications sont bien plus d'ordre psychologique que pratique. Et concernent autant les couples que les parents séparés...). Il dispense çà et là quelques trucs, conseils et astuces. Surtout, il s'efforce de déculpabiliser le père isolé néophyte aux prises avec les soucis de tous les jours. Non, vous n'êtes pas un super-héros (même si vos enfants le pensent parfois) ! Oui, vous avez droit à l'erreur ! Non, vous ne maîtriserez pas toujours tout. Oui, vous vous poserez souvent des questions... Alors, pas de panique ! Restez serein. Laissez s'exprimer votre intuition masculine (si, si, ça existe !). Et n'oubliez pas : comme il est écrit quelque part dans ce livre, le père célibataire est un homme comme les autres. Avec juste quelques cernes en plus et du temps libre en moins...

1

Être ou ne pas être (un bon père célibataire)

Premier sujet d'inquiétude : est-ce que je serai à la hauteur de la situation ? est-ce que je vais me montrer capable de m'occuper de mon (ou de mes) enfant(s) ? Autrement dit : est-ce que je serai un « bon » père pour eux ? Il faut le reconnaître : au début, cette nouvelle existence n'a rien d'évident. Surtout si le père, dans sa vie d'avant, avait pris la mauvaise habitude de déléguer plus que de raison leur éducation à la mère. Le voilà soudain penché au-dessus d'un abîme vertigineux d'interrogations sans réponse. Les questions se bousculent dans son malheureux cerveau, déjà fatigué rien qu'à l'idée de devoir décider de tout, tout seul. Elles sont d'autant plus angoissantes qu'il n'a désormais plus personne pour l'épauler. Personne à qui confier ses doutes. Personne pour confronter ses points de vue. Malgré ses enfants, le père célibataire est un homme seul. Du coup, il éprouve souvent un sentiment inconfortable d'incertitude et de précarité. Il navigue à vue.

Il est bien conscient des risques d'une mauvaise décision, mais personne à ses côtés n'est là pour l'aider à les éviter et à en assumer les conséquences. Et s'il commettait des erreurs irréparables ? Là, il se remémore ces phrases terribles et définitives auxquelles il répondait avant par un simple haussement d'épaules. Des phrases comme « Tout se joue avant deux ans » (ou trois, ou quatre, ou six, c'est selon. Sur ce point, les opinions varient avec les spécialistes). Le découragement le gagne. La panique l'envahit. Allons bon ! Le père célibataire va-t-il baisser les bras ? Va-t-il renoncer à assumer son nouveau statut, persuadé qu'il vaut peut-être mieux ne rien faire plutôt que de mal faire ? Attention : ce serait une erreur. C'est vrai, il peut se tromper. Et alors ? Alors, aucune importance. Après tout, c'est la vie, non ? Tant pis s'il fait un mauvais choix. Il est mille fois préférable de se jeter à l'eau, quitte à s'apercevoir ensuite que l'on a fait fausse route et à rectifier le tir, plutôt que d'être tétanisé par la peur de l'échec.

Cette peur est partagée par bon nombre d'hommes soudain confrontés à leur nouvelle vie. Le père en solo risque d'être habité par la crainte de ne pas faire ce qu'il « faut ». Comme s'il existait une norme absolue à respecter. Comme si des règles intangibles et indépassables devaient être suivies aveuglément, telles des leçons à apprendre par cœur et à réciter à la manière d'un bon écolier. Surtout pas ! L'éducation d'un enfant ne consiste pas à ingurgiter des recettes prémâchées puis à les appliquer les yeux fermés. Ce serait trop simple. Les règles, c'est à vous de les inventer. À vous d'apporter vos propres réponses aux questions qui se posent jour après jour. Rien ne vous empêche, bien sûr, d'aller glaner conseils avisés et recommandations bien intentionnées auprès de votre entourage ou dans les livres. Mais, d'emblée, débarrassez-vous de l'idée qu'il n'existe qu'une seule et unique manière de procéder. Inventez. Imaginez. Doutez. Changez d'avis quand c'est nécessaire. Et, répétons-le, n'ayez surtout pas peur de vous tromper, au motif que vous débutez dans vos nouvelles fonctions. Laissez-vous porter par votre sensibilité et votre personnalité. Par votre instinct, tout simplement. La voie à choisir n'est pas forcément la même que celle du voisin ou de vos meilleurs amis. Vos enfants ne sont pas ceux des autres. Ils n'ont pas les mêmes désirs ni les mêmes envies. Et ils n'attendront jamais de vous des solutions toutes faites.

De toute façon, autant prendre tout de suite l'habitude de vous montrer inventif et imaginatif. Parce que vous n'en avez pas fini avec la nécessité de trouver des réponses à quantité de questions. Des questions dont vous ne soupçonniez même pas l'existence la veille... Et c'est tant mieux : vous avez ainsi toutes les chances de puiser en vous – ô fierté ! ô bonheur ! – des talents cachés. De mettre au jour une capacité insoupçonnée à prendre en charge le quotidien de vos enfants. Sans crainte d'exagérer, on peut affirmer que le père célibataire éprouve souvent la sensation jubilatoire de se redécouvrir. De se révéler à ses propres yeux. Car cette nouvelle situation le renvoie à lui-même. Elle joue un rôle de déclencheur psychologique qui peut lui être vraiment bénéfique. Pas question de tricher avec soi et de se contenter de faux-semblants. Vous êtes au pied du mur. Et c'est à ce moment-là que vous laissez s'exprimer toutes ces qualités (formidables, forcément formidables) qui n'attendaient que l'occasion d'éclore. Bon... De là à vous précipiter sur votre ex-compagne afin de la remercier d'être à l'origine de cette prise de conscience réjouissante, il y a un pas que nous ne franchirons point. Mais ce genre de découverte fait rudement plaisir. Car, ne l'oublions pas, le père célibataire néophyte a souvent une fâcheuse tendance à douter de lui et de ses aptitudes...

Père, mère ou les deux à la fois ? (bonjour la schizophrénie)

Très vite, les pères célibataires se voient obligés d'assumer des obligations et des contraintes qui étaient plutôt, jusqu'alors, du ressort des mères. « Chacun son tour ! », s'écrieront celles-ci le sourire aux lèvres, trop heureuses de voir enfin partagée la charge de travail qu'elles supportaient seules auparavant. Car même si les mentalités évoluent, même si le partage des tâches au sein de la famille est aujourd'hui plus fréquent, force est de reconnaître qu'il n'est pas pour autant devenu une norme universelle. Dans de nombreux couples, c'est encore la mère qui exerce le plus souvent la responsabilité quotidienne des enfants. Elle les emmène chez le médecin, leur prépare à manger, choisit leurs vêtements. Les pères progressent, c'est vrai. Mais à leur rythme. De ce point de vue, l'égalité n'est pas encore devenue réalité. Il n'est donc pas rare que le père découvre, en même temps qu'il expérimente les joies et les servitudes de la vie en solo, les petits bonheurs et les gros ennuis de l'éducation des enfants. Et qu'il plonge dans l'action sans y avoir été préparé.

À ce stade, inutile de se lamenter sur l'air du « ah, si j'avais su ! ». C'est un peu tard. Il faut faire face. Or, assumer tout seul les corvées qui défilent à vitesse grand « V » tout au long de la journée (ou même, tout simplement, de la soirée) n'est pas une mince affaire. Certains s'imaginent parfois qu'il suffit de pas grand-chose : une pincée d'organisation agrémentée d'un soupçon de bonne humeur, et le tour est joué... Ces doux rêveurs déchantent très vite. En vérité, le jour où il se retrouve seul aux commandes, le père a de fortes chances d'être submergé. Désormais, il doit placer ses enfants au centre de ses préoccupations. S'organiser en fonction d'eux. Apprendre à s'en débrouiller en permanence. Apprendre aussi à les occuper – activité harassante qui peut relever du casse-tête. Le tout en menant de front ses obligations professionnelles et ses projets personnels... Soyons clair : cette nouvelle vie ne s'improvise pas en un jour. Il faut de la patience. De l'humilité. Une certaine forme de sagesse, en somme. Le père va devoir apprendre à jouer une nouvelle partition, ce qui demande un peu de temps. Surtout si le quotidien était pour lui une sorte de zone mystérieuse où il ne se hasardait pas à pénétrer, parce que la mère avait tendance à s'approprier la relation avec les enfants. Ou bien s'il était du genre « père à l'ancienne », plutôt adepte de l'exercice de l'autorité que d'une relation de complicité. Certains risquent alors d'intérioriser l'idée reçue selon laquelle ils ne sont pas taillés pour le rôle. Ils sont près de baisser les bras. Comme s'il s'agissait d'une inaptitude « naturelle » qu'il serait vain de vouloir corriger. D'autres, à l'inverse, déborderont d'énergie et d'initiatives. Ils multiplieront les activités. En véritables marathoniens des loisirs organisés et minutés, ils enchaîneront balades, sorties culturelles et sportives. Quitte à épuiser leurs enfants (et à s'épuiser eux-mêmes au passage). Ils voudront être partout à la fois, de peur d'être surpris en flagrant délit de carence éducative. Tout ça pour apporter la preuve qu'ils sont, eux aussi, parfaitement capables de veiller sur leur progéniture – ce dont personne ne doutait, d'ailleurs. Avant de lever le pied et de revenir, enfin apaisés, à un rythme de vie plus raisonnable. Car dans ce domaine comme en tout autre, nul besoin d'en faire trop pour bien faire.

Rien d'étonnant, alors, si le père célibataire se sent quelque peu perturbé par son identité nouvelle. Rien d'anormal s'il la juge incertaine et fluctuante. Le voilà taraudé par des interrogations du genre : « Mais qui suis-je, bon sang ? Que devient mon rôle d'homme et de père, dans tout ça ? » Le mâle ne se sent plus très bien. Il doute. Seule certitude : il n'est plus le même père qu'avant. Il doit désormais suivre de très près tous les petits détails de leur quotidien. Sans oublier de leur dispenser tendresse, câlins et marques d'affection. Il ne doit pas seulement réorganiser sa vie personnelle : il lui incombe aussi de redéfinir sa place et son statut vis-à-vis de ses enfants. Bref, il a du pain sur la planche... D'autant plus qu'il doit faire tourner la maison lorsqu'ils le rejoignent. Ou, à plus forte raison, s'ils vivent avec lui en permanence. Et ça, c'est une occupation à temps plein. Une activité qui ne laisse guère de place aux préoccupations existentielles. Et c'est tant mieux : au moins, pendant ce temps-là, pas question d'écouter ses états d'âme...

Au fait, que va-t-on penser de moi ?

Rassurez-vous : plutôt du bien. C'est toujours ça de pris. C'est l'une des petites satisfactions offertes par votre nouvelle situation. Le père célibataire a tôt fait de lire une bienveillante attention dans le regard des autres. Surtout s'il s'occupe tout seul de ses enfants : là, il devient carrément un héros aux yeux de ses contemporains. Il n'y a pas si longtemps encore, on l'aurait regardé comme une anomalie. On l'aurait discrètement montré du doigt en chuchotant sur son passage. C'est fini, tout ça. Aujourd'hui, il incarne une figure de la modernité. On le regarde comme un pionnier. Un précurseur de la société de demain. Le père célibataire « de profession » – celui qui élève ses enfants à plein temps – peut désormais marcher dans la rue la tête haute. Le regard tendu vers l'horizon des tâches domestiques ingrates qui l'accablent au quotidien sans relâche, mais dont il s'acquitte avec brio. (Sans même parler de sa position avantageuse auprès de la gent féminine, toujours prête à éprouver une réelle affection pour ce profil de mâle ô combien attendrissant.) Au début, les gens sont vaguement étonnés. Ils finissent par se demander pourquoi on ne voit que vous, et jamais la maman, à la crèche ou à l'école. Les plus curieux s'enhardissent à vous poser la question après avoir longuement tourné autour du pot. Mais une fois qu'ils connaissent votre situation, ils réagissent à peu près tous de la même manière. Premier temps : « Eh bien, bravo ! C'est rudement courageux, ce que vous faites là ! » Vous, pas fier pour un sou : « Allons, c'est une simple question d'habitude ! » Deuxième temps (là, leur front se plisse et leur regard se fait soucieux) : « Mais dites donc, ça ne doit pas être facile tous les jours, non ? Vous arrivez à vous en sortir tout seul ? » Vous, toujours aussi modeste, persistez à ne pas vous hausser du col. À vous montrer humble et détendu, rodé à tous les petits soucis de votre nouvelle vie. « Pensez-vous, ce n'est pas si dur que ça ! Tout est affaire d'organisation. Et puis, vous savez, c'est avant tout un vrai bonheur ! », répondez-vous en exagérant légèrement et en restant discret à propos des menues contrariétés que vous supportez quotidiennement. Vous n'allez tout de même pas gâcher le plaisir offert par ce nouveau statut de mini-vedette locale, non ?

Pourtant, ces réactions en apparence pétries d'admiration provoquent parfois une sensation douce-amère. Un curieux mélange de satisfaction et de frustration. D'un côté, votre nouveau rôle est reconnu à sa juste valeur. De l'autre, vous éprouvez malgré tout le sentiment de ne pas être vraiment pris au sérieux. Même s'ils se disent admiratifs, bon nombre de ceux qui vous félicitent donnent la nette impression de voir en vous une espèce de « père par intérim ». Vous vous occupez de vos enfants, d'accord. Mais tout de même, êtes-vous vraiment à votre place ? Êtes-vous capable de vous en charger aussi bien que leur mère ? De leur apporter autant d'affection ? De savoir prendre les bonnes décisions ? Même s'ils ne l'expriment pas, vous devinez par moments l'ombre d'un doute dans leur regard. Comme si la mère restait le parent « naturel ». Comme si vous n'étiez, au fond, qu'un remplaçant.

Un pis-aller. Une solution de dépannage. Presque un bouche-trou. On demandera rarement à une femme seule si tout se passe bien. Comme si sa situation allait de soi. Comme si elle était naturellement capable de s'en sortir. Le père isolé, lui, est au contraire l'objet de toutes les sollicitudes. Gentilles et bien intentionnées, certes. Mais avec un je-ne-sais-quoi de dubitatif et de paternaliste. On s'inquiète pour lui. On le plaint. « Ça va aller, vous êtes sûr ? », s'enquiert-on sur un ton éploré. On l'entoure de tous les soins, comme s'il était un grand malade incapable de se débrouiller. Louables et généreuses intentions ! Mais qui finissent tout de même par devenir un peu agaçantes à la longue. Et qui laissent à penser que la société n'a peut-être pas encore pleinement accepté l'idée d'un père seul à temps plein. Bah, après tout, aucune importance. Tout cela ne doit pas vous empêcher de poursuivre votre route. Continuez à profiter pleinement de votre position, malgré tout valorisante aux yeux de votre entourage. Une fois que vous retournerez à votre vie de tous les jours, vous aurez bien le temps de penser à ces petits (et gros) soucis que vous balayez d'un revers de main négligent quand on vous demande si tout se passe bien... Car vos enfants, eux, ne seront pas toujours aussi bienveillants avec vous, les monstres !

2

Profession : homme à tout faire

La nouvelle vie du père célibataire est assez simple à résumer : dorénavant, il doit TOUT faire. Comme ça, du jour au lendemain, le voilà bombardé sans crier gare responsable en chef de la maisonnée. C'est sûrement l'un des seuls postes pour lequel aucune expérience préalable n'est exigée. Le père célibataire se forme sur le tas. Il apprend sur le terrain, tout seul, comme un grand. Il découvre les vertus de l'immersion totale sans avoir eu le temps de reprendre son souffle. « C'est l'idéal ! », diront certains, au motif que c'est encore le meilleur moyen pour se transformer de père célibataire en « père célibattant ». Certes, certes. Mais tout de même, parfois, ça fait beaucoup pour un seul homme...

Ma petite entreprise (me met parfois en crise)

À quoi reconnaît-on un père célibataire ? Facile : c'est celui qui est partout à la fois. Le voilà au four (à micro-ondes, de préférence : on n'insistera jamais assez sur les vertus pratiques de l'engin) et au moulin. À la Playstation et à la machine à laver. À l'aspirateur et à la sortie de l'école. Tel un Vishnou moderne agitant ses innombrables bras avec frénésie, il est en même temps délégué aux affaires scolaires, responsable du matériel, ordonnateur de la logistique domestique, surveillant général. Un vrai couteau suisse à lui tout seul. Il coordonne, anticipe (enfin, il essaie), décide, organise, surveille, motive ses troupes et sanctionne si nécessaire. Parfois, il arrive même à dormir un peu. C'est dire s'il est organisé. Son rôle tient à la fois de l'entraîneur sportif (le père célibataire est une sorte d'Aimé Jacquet qui ne passerait jamais à la télé), du Commissaire au Plan, du chef de gare et de l'adjudant-chef ancienne formule (« Et alors, cette chambre, elle est enfin rangée, oui ou non ? »). C'est presque un job à plein temps. Et ingrat, avec ça. Même pas payé, en plus. Souvent mal considéré par le petit personnel domestique (« Papa, t'es pénible, tu commandes tout le temps ! »). Et épuisant, on n'imagine pas ! Au fond, le père célibataire ressemble vaguement à un patron de PME (initiales qui signifient « petite ou moyenne entreprise », et non pas, comme on pourrait le croire, « père à la maison avec enfants »). Lui aussi doit gérer ses stocks (en langage de père célibataire, ça s'appelle « faire les courses »), trouver de bons fournisseurs (la supérette du coin ou le supermarché une fois tous les quinze jours ?) et penser à l'approvisionnement en matières premières (au fait, aujourd'hui, ne pas oublier de racheter du lait et des fromages en portion). Lui aussi a ses menus soucis de trésorerie et de fins de mois difficiles. Lui aussi doit mêler fermeté et concessions sociales (« D'accord, on va au ciné demain après-midi. Mais vous filez vous laver les dents et vous mettre au lit tout de suite ! »). Il doit veiller à garder un équilibre précaire : savoir lâcher du lest (parfois) tout en rappelant qui commande (toujours). Quelle vie, mais quelle vie...

Attention, père en rodage

Au début, il se sent forcément un peu perdu. Le quotidien du père célibataire, c'est d'abord l'apprentissage de la solitude. L'expérience du vide et du silence quand les enfants sont chez leur mère. Ou, à l'inverse, un sentiment de trop-plein quand ils vivent avec lui : trop de tâches ménagères et de soucis d'organisation qui le laissent vidé à la fin de la journée. Avec l'impression déprimante d'avoir fait les choses en dépit du bon sens, de s'être épuisé à courir dans toutes les directions et de ne même pas avoir eu un moment à lui. Même s'il vit avec ses enfants, il éprouve ce sentiment de solitude. Car le soir, il n'a personne à qui parler. Personne pour évoquer ces instants de bonheur avec eux. Personne pour partager le souvenir d'un sourire ou pour évoquer le bon mot du petit dernier. Ensuite, cette nouvelle existence implique de passer par une phase d'ajustement, comme disent les économistes. Une période de rodage, en quelque sorte. Le père célibataire va devoir s'adapter. Il aura souvent beaucoup de choses à apprendre. Celui qui savait déjà faire la cuisine comme un chef, coudre les yeux fermés sans se piquer jusqu'au sang ou tresser des nattes à sa fille part avec une longueur d'avance, c'est certain. Tant mieux pour lui. Mais les autres, alors ? Du calme. Rien n'est perdu. Ils n'ont qu'à retrousser leurs manches, se dire qu'ils ne sont pas plus incapables que n'importe qui et se jeter à l'eau. Nous l'avons dit plus haut : le meilleur antidote à l'angoisse de mal faire, c'est encore d'agir. À l'action, alors ! Pères célibataires de tous les pays, remuez-vous ! Partez à l'assaut de votre nouvelle vie, balayez vos hésitations, oubliez vos doutes et découvrez dans l'allégresse ce nouvel horizon domestique qui s'offre à vous et à vos enfants. Lesquels s'habitueront vite, soyez-en persuadés, à leur nouveau quotidien. Leurs capacités d'adaptation sont inépuisables. Et ils ne vous demanderont jamais de vous conformer à des modèles sociaux d'éducation. Au contraire, ils vous laisseront toute latitude pour inventer leur nouveau cadre de vie. En plus, ils feront preuve à votre égard d'une bienveillance dont peu d'adultes seraient capables. Alors, autant en profiter...

Fâchez-vous, bon sang !

Évidemment, tout n'est pas toujours rose. Les premiers temps, on se trouve souvent maladroit. (Question : quelle est la durée de ces « premiers temps » ? Elle varie selon le sens de l'organisation et la débrouillardise de chaque père célibataire.) On se sent inefficace. Désorganisé. Bref, un peu à côté de la plaque. Pas d'inquiétude : c'est normal. Vous n'êtes pas le premier. Bien sûr, c'est fatigant. Bien sûr, on a l'impression de ne faire que ça (et d'ailleurs, au début, ce n'est pas une impression : on ne fait que ça). « Ça », c'est-à-dire ranger, laver, cuisiner, préparer, encore ranger, houspiller, consoler, habiller, toujours ranger. Et encore bien d'autres activités merveilleuses que vous découvrirez jour après jour. Alors forcément, par moments, on s'énerve un peu. Il arrive que les enfants en prennent pour leur grade. Alors qu'ils n'y sont pour rien, les pauvres (quoique... Il faut bien reconnaître qu'ils nous poussent parfois à bout). On se met en colère. On n'est pas content et on le fait savoir. On s'autorise même un petit coup de gueule de-ci de-là. C'est impressionnant, mais pas bien méchant. Et souvent efficace quand on a du mal à se faire entendre (à condition de ne pas en abuser, sous peine de perdre toute crédibilité). Mais après, on se sent coupable. On se dit que c'est le dernier. Qu'on ne recommencera plus, promis juré. Que la prochaine fois, on se débrouillera pour ne pas faire supporter aux enfants les conséquences de notre mauvaise organisation. Jusqu'au prochain accès de mauvaise humeur et de culpabilité... Mais là, ne dramatisons pas : le père célibataire a quand même le droit de s'énerver. Parfois, il a même le devoir de se fâcher. N'oublions jamais qu'il est seul. Seul face à l'adversité, laquelle est incarnée par un ou plusieurs enfants bien décidés à ne pas s'en laisser conter et prêts à profiter – c'est de bonne guerre – de toutes les failles de leur papa. Pour peu que celui-ci soit d'une nature plutôt coulante et pas du genre autoritaire pour deux sous, c'est la porte ouverte aux débordements. Ils s'engouffrent dans toutes les brèches, créant autant de voies d'eau à bord du navire domestique. Le père se sent couler. Il se souvient alors qu'il est seul maître à bord, décide de pousser son fameux petit coup de gueule et tout rentre dans l'ordre. Enfin, normalement, les choses se passent comme ça... N'oublions pas non plus qu'il débute dans ses nouvelles fonctions. Laissons-lui le délai nécessaire pour trouver le bon rythme et le ton juste. Ce n'est qu'une question de temps. Ce temps, justement, après lequel ne cesse de courir le malheureux père célibataire.

Pas le temps, pas le temps, pas le temps !

Le père célibataire est parfois confronté au manque d'espace vital. Il n'est pas rare qu'il se retrouve à dormir dans le salon parce qu'il aura prêté la chambre de son deux pièces-cuisine à ses enfants, à l'occasion de leur venue le week-end. La solution n'est pas idéale, c'est vrai. Mais elle n'est pas dénuée de charme. C'est un peu la bohème. Les enfants ont toutes les chances d'adorer cette espèce de camping improvisé qui leur donne un avant-goût de vacances. Le père, lui, prend son mal en patience. Il se dit que la situation n'est que provisoire : il finira bien par trouver un appartement plus spacieux. Le principal problème n'est pas là. Le vrai souci du père célibataire, c'est le temps. Pas le temps qu'il fait – bien qu'une météo désastreuse ait de quoi rendre fou quand il s'agit de trouver des idées de sorties –, mais le temps qui passe. Autant vous faire tout de suite à l'idée : vous aurez sans cesse l'impression de ne pas en avoir assez pour faire tout ce que vous avez à faire. Les minutes qui s'écoulent obsèdent le père célibataire. Les secondes qui défilent le stressent – comme s'il avait besoin de ça, tiens. Il ressemble au capitaine Crochet. Vous vous souvenez du capitaine Crochet ? Dans *Peter Pan*, quand il entend le tic-tac fatidique du réveil avalé par le crocodile, il en attrape des suées et se met à perdre tous ses moyens. Eh bien, le père célibataire, c'est un peu ça (à une différence près : notre héros du quotidien ne perd jamais ses moyens. Enfin, ne devrait pas). Dès qu'il regarde sa montre – et il ne peut pas s'en empêcher –, il pousse un gémissement, lève les yeux au ciel et se dit qu'il n'y arrivera pas. Qu'il est déjà 18 heures et qu'il n'aura JAMAIS le temps de faire tout ce qu'il lui reste à faire. Le temps est sa première préoccupation. Son obsession. Sa hantise. Son crocodile à lui.

Le soir, à peine rentré à la maison, il commence par se livrer à de savants calculs. Il multiplie la durée moyenne du bain par celle du repas, divise le tout par le nombre d'enfants, ajoute trente minutes de dessin animé, en retient quinze de coups de téléphone divers et pose le tout. Résultat : ça ne tombe pas juste. Jamais. Le père célibataire est TOUJOURS en manque de temps. Et nous ne parlons même pas de son temps personnel. De celui qu'il pourrait consacrer à se reposer (rêvons un peu) ou à se plonger dans un bon bouquin (douce utopie). Là, c'est carrément de la science-fiction. Non, nous voulons parler tout simplement des malheureuses heures quotidiennes dont il dispose pour se consacrer à ses enfants. Le soir, par exemple, le père célibataire a la nette impression de courir partout sans arrêt, contraint par un *timing* serré qui ne tolère aucune faiblesse. Seule solution pour s'en sortir : mettre sur pied une organisation en béton. Calculer un emploi du temps au plus juste. Définir des priorités : non, vous ne pourrez pas tout faire en une seule soirée. De passer une cassette vidéo à vos enfants tout en les laissant jouer une heure dans leur bain avant de pianoter avec eux sur l'ordinateur. Ils doivent choisir. Quitte à ce que vous les y aidiez en leur faisant bien comprendre que ce soir, ils devront renoncer à certains de leurs jeux favoris.

Mais malgré tous vos efforts, la soirée ressemble le plus souvent à une lutte au corps à corps avec la pendule. Les tâches domestiques s'enchaînent comme autant de corvées. Elles sont à peine entrecoupées de trop courtes plages de détente pendant lesquelles les enfants jouent tranquillement dans leur chambre (c'est indispensable : votre objectif n'est pas de les préparer dès leur plus jeune âge au rythme frénétique de la vie en entreprise). D'abord, le bain (ne pas craindre de répéter plusieurs fois qu'il est temps d'aller se laver : curieusement, cette perspective semble provoquer une soudaine crise de surdité chez tout enfant normalement constitué). Ensuite, le repas. Puis la préparation du coucher et ses inévitables rituels, qui reviennent chaque jour avec une régularité métronomique. Des rituels parfois exaspérants pour le père célibataire... À tort : ces petits gestes en apparence anodins sont nécessaires à vos enfants. Ils les rassurent. Ils leur permettent de trouver leurs marques dans leur quotidien. De mettre en ordre leur univers. L'un ne se couchera pas sans avoir installé une demi-douzaine de peluches dans son lit, au risque de le transformer en une annexe du zoo de Vincennes. L'autre refusera de s'allonger tant qu'il n'aura pas accompli sa gymnastique en se suspendant au lit superposé de sa sœur, à votre grand agacement. Une fois ces rituels accomplis, reste l'histoire à raconter. Ça, c'est un grand moment de la vie du père célibataire : il peut profiter pleinement de la présence de ses enfants sans passer en revue les différentes étapes qu'il doit encore franchir comme autant de sauts d'obstacles. Il peut lever le pied et oublier le tic-tac infernal de la pendule. Viennent enfin les réclamations de dernière minute – un biberon par-ci, un câlin par-là. Et voilà. Ouf, c'est fini ! En supposant que votre présence au pied de leur lit ne soit pas réclamée à cor et à cri par vos enfants en mal de sommeil. Évidemment, il est tard. Trop tard par rapport à l'horaire que vous aviez prévu... Tant pis ! Ne demandez pas l'impossible. Dites-vous que vous ferez mieux demain soir. Décomplexez-vous : ne cherchez pas d'emblée la perfection. Au moins, pour l'instant, la soirée de vos enfants est terminée. C'est déjà ça. La vôtre peut commencer. Enfin, pas tout à fait. Ne pavoisez pas trop vite : vous n'êtes pas encore tiré d'affaire. Il vous reste à débarrasser la table. À nettoyer la vaisselle. À ranger la cuisine. Sans compter les inévitables petites corvées que vous aviez décidé de reléguer en fin de journée, comme le linge à plier ou l'ultime coup d'aspirateur à passer. Après, mais seulement après, vous pourrez peut-être commencer à penser à vous...

« Mais à ce rythme, que devient notre vie personnelle ? », s'exclameront certains pères célibataires néophytes saisis par l'affolement. Allons, allons : ne soyez pas pessimiste. À la longue, tout s'arrangera. Avec l'expérience, vous verrez, les différentes étapes de la soirée se succéderont en toute harmonie. Au bout de quelques mois, vous serez le premier surpris de constater que l'énervement et le stress des débuts ne sont plus qu'un souvenir. Grâce à votre entraînement, vous enchaînerez avec une facilité déconcertante les tâches quotidiennes. Vos enfants, eux, finiront par être rodés. Ils trouveront assez vite leur rythme de croisière. Ditez-vous aussi qu'ils vont forcément grandir. Ils vont gagner en autonomie. Quand ils sont petits, c'est vrai, la vie familiale occupe une bonne partie de votre temps. Mais au fur et à mesure des années, elle laissera de plus en plus la place à la vie sociale. Finalement, le temps n'est pas forcément l'ennemi numéro un du père célibataire : il finit aussi par être son meilleur allié.

Père célib. ch. aide (Urg.)

Résumé des chapitres précédents : la tâche est rude, les enfants épuisants et le temps une denrée rare. Bref, le métier de père célibataire n'a rien d'une sinécure. Moralité : s'il veut s'en sortir, celui-ci a tout intérêt à mettre son orgueil dans sa poche. Malgré toute sa volonté, tout son amour, toute son énergie et tout son enthousiasme, il risque d'avoir du mal à se débrouiller seul. C'est le moment de se souvenir qu'il n'est peut-être pas isolé. En un mot : faites-vous aider. Et sans tarder. Il y a urgence ! C'est presque une question de survie. Autant prendre les bonnes habitudes dès le départ. Inutile d'attendre d'être sur les genoux, épuisé par la multiplication des tâches, usé par la routine et les corvées. L'objectif n'est pas de finir dégoûté de la condition de père célibataire, de s'énerver pour un rien et de pester à tout bout de champ pour un oui ou pour un non. Le conseil ne s'adresse pas qu'aux pères à plein temps : on peut s'occuper d'enfants tous les quinze jours et éprouver le besoin de se faire épauler. Soyez rassuré : demander un coup de main ne fera pas de vous un père indigne, au contraire. Cette démarche montre tout simplement que vous êtes conscient de vos limites. Elle révèle tout l'intérêt que vous portez à votre enfant. Faites le tour de la famille, des copains, des parents de copains d'école, des voisins. C'est bien le diable si vous ne réussissez pas à trouver quelqu'un qui pourra vous donner un coup de main de temps à autre. D'ailleurs, vos proches ne vous ont probablement pas attendu pour vous proposer leurs services. Si vous avez la chance d'être bien entouré, profitez-en ! Ne vous prenez pas pour un héros. Personne ne vous décernera de médaille parce que vous avez élevé seul trois enfants en bas âge, ou parce que vous vous privez de faire appel aux services d'une baby-sitter le soir. Il n'est pas question de se reposer sur les autres en permanence, mais de savoir lever le pied pour s'aérer l'esprit et reprendre des forces. Soyez-en persuadé : on ne s'occupe bien de ses enfants que si l'on est en pleine forme physique et morale. Un père harassé physiquement ou épuisé nerveusement a toutes les chances d'être mauvais dans son rôle. Et vos enfants préfèrent de loin vous voir de bonne humeur et détendu. Au moins, ils savent que vous êtes disponible pour eux. Et que vous ne les enverrez pas promener dès qu'ils vous demanderont de leur accorder un peu de votre temps.

Vive le désordre !

Et n'oubliez pas de faire le tri dans toutes vos activités domestiques. Concentrez-vous sur l'indispensable. Évitez de vous disperser. Là aussi, dressez la liste des priorités. Inutile de vous accabler de tâches secondaires. Votre temps personnel est limité : ne le gaspillez pas ! Vous n'avez pas passé l'aspirateur depuis une semaine alors que vous êtes un adepte de la chasse aux moutons quotidienne ? Tant pis. La cuisine ressemble de plus en plus à une salle de dépôt-vente ? Pas grave. Acceptez que l'entretien de la maison passe au second plan pendant quelques jours. Si vos moyens vous le permettent, n'hésitez surtout pas à vous offrir les services hebdomadaires d'une femme de ménage. Sinon, dites-vous bien qu'un peu de désordre n'a jamais tué personne. Vous rangerez quand vos enfants seront retournés chez leur mère. Ou le week-end prochain, tranquillement, sans vous presser. Et ce sera l'occasion de lancer une grande opération « chambre propre » avec eux. Vous en profiterez pour donner l'exemple : pendant que vous remettrez l'appartement ou la maison en ordre, ils feront de même avec le bazar de leur chambre. Et eux seront sûrement très heureux de vous imiter et de partager cette activité avec vous (mais à condition qu'elle ne dure pas trop longtemps, tout de même !). Finalement, le désordre a du bon : il possède des vertus éducatives insoupçonnées. Voilà de quoi rassurer les pères célibataires. Et leur donner bonne conscience, par la même occasion.

3

Nouvelle vie, nouvelles règles

Pour le père célibataire, une autre existence commence. D'accord, ce n'est certainement pas celle dont il rêvait... Mais enfin, il doit bien faire avec. Il ressemble au caméléon : il doit s'adapter à son environnement. Trouver un nouveau rythme, une nouvelle organisation, de nouvelles habitudes. Et aussi se plier à quelques règles de vie indispensables. Dialoguer avec la mère, continuer à former avec elle un couple parental, parler vrai, conforter le lien avec les grands-parents et le reste de la famille : autant d'objectifs qu'il doit garder présents à l'esprit chaque jour s'il veut préserver au maximum l'équilibre des enfants et atténuer les conséquences de la séparation. Certes, ces préceptes sont parfois plus faciles à énoncer qu'à suivre au quotidien. Les tensions avec la mère peuvent l'inciter à vouloir couper les liens. L'envie de ne pas lui rendre de comptes, le désir de prouver au monde entier sa capacité à se débrouiller seul, le sentiment gratifiant d'autonomie et de liberté dans sa mission d'éducation : autant de raisons de ne pas souhaiter s'encombrer de contraintes. Pourtant, loin de le brider dans ses nouvelles responsabilités, ces simples règles de bon sens lui permettent au contraire de les exercer pleinement. Car tout le monde y gagne. Les enfants, d'abord, qui se voient offrir un cadre plus structuré et donc plus sécurisant. Mais aussi leur père, qui pourra ainsi assumer son rôle dans de bien meilleures conditions.

Dia-lo-guez !

Le maintien du dialogue avec la mère est essentiel. Parfois, c'est vrai, il apparaît plutôt comme un vœu pieux. Il arrive que la relation entre les deux parents soit en effet si exécrable qu'elle donne plutôt envie de convoquer les Casques bleus. Reproches mutuels, critiques incessantes, désaccord permanent, vieilles querelles qui resurgissent... Bref, le ton est orageux, l'ambiance des retrouvailles sinistre et les perspectives d'entente carrément utopiques. Dans ces conditions, la tentation est grande de limiter le plus possible la relation à un simple « bonjour-bonsoir », de se confier les enfants à la va-vite sur le palier comme on échangeait les espions du temps de la guerre froide et de s'en retourner chacun chez soi avec ses rancœurs et sa frustration. Si vous en êtes là de votre relation avec votre ex-conjoint, c'est fâcheux. Évidemment, on ne peut vous demander d'effacer tous vos désaccords d'un simple coup de baguette magique. Mais, au moins, tâchez de ne pas les étaler devant les enfants. Rien n'est plus dangereux que de les rendre otages de vos différends. Même si vous vivez une véritable crise, efforcez-vous d'enterrer la hache de guerre dès qu'il s'agit de discuter de leur avenir et de leurs intérêts. Cette période est déjà assez difficile sans qu'il soit besoin d'en rajouter. Ils ne doivent pas être les témoins de vos divergences ni tentés d'intervenir ou de prendre parti. Ils ressentent avec acuité ce genre de tensions, et ils en souffrent terriblement. Rien n'est plus pénible pour eux que de se sentir déchirés entre leur père et leur mère, perdus au milieu de l'affrontement comme s'ils étaient lâchés sur un champ de bataille sous le feu nourri de belligérants déchaînés. « Quand je suis avec toi, j'ai envie d'être avec maman. Et quand je suis avec elle, j'ai envie d'être avec toi », confiait un petit garçon à son père séparé... Réglez vos affaires entre vous comme vous l'entendez. D'accord, vous ne redeviendrez certainement pas copain avec votre ex-conjoint du jour au lendemain. Mais retrouvez votre capacité à discuter comme des adultes et à dialoguer avec sérénité en leur présence. Après, il sera toujours temps de reprendre votre bras de fer quand ils auront quitté les lieux... Montrez-leur que vos décisions sont toujours inspirées par la volonté de sauvegarder leurs intérêts, et que votre seule et unique obsession est de tout faire pour garantir leur bien-être et leur bonheur. Le père célibataire doit donc s'efforcer – même si c'est parfois difficile – de ne jamais oublier que la mère est partie prenante de l'éducation. Il doit surmonter le conflit qui les oppose. Ne pas rester figé dans ce schéma de rupture. Si le couple conjugal est à ranger dans l'armoire aux souvenirs, le couple parental, lui, continue à vivre malgré tout.

Une espèce à préserver : le couple parental

En dépit de tout ce qui peut vous séparer de votre conjoint, vous formerez toujours avec lui un couple parental. C'est comme ça. Vous n'y échapperez pas – et c'est tant mieux pour vous, d'ailleurs. Chacun de vous avez droit *ad vitam aeternam* au titre de parent, quels que soient le temps que vous consacrez à votre progéniture et la fréquence de vos retrouvailles avec eux. Le père et la mère sont concernés à part égale par le devenir de leurs enfants. Ils sont, l'un comme l'autre, tenus de participer à leur éducation, de donner leur avis sur les sujets qui les concernent, de prendre les mesures qui les engagent. Chacun d'eux a son mot à dire. C'est le propre de la parentalité : il n'y a jamais prescription. C'est un droit inaliénable, une mission à vie, une responsabilité perpétuelle. Alors, autant faire en sorte qu'il ne s'agisse pas d'une vulgaire coquille vide, mais d'une réalité quotidienne. Ce couple parental, autant le faire vivre et lui donner un sens.

C'est le moment pour les deux parents d'oublier d'être égoïstes. De cesser de ne penser qu'à eux pour se consacrer à leurs enfants. De se projeter dans l'avenir afin de prendre les meilleures décisions. De s'impliquer au jour le jour dans les moindres détails de leur existence. La volonté d'assumer cette responsabilité même après une séparation est essentielle pour leur épanouissement : ils savent que leur père et leur mère seront toujours à leurs côtés, même s'ils ont choisi d'emprunter des routes séparées. Et auprès d'un juge, cette parentalité pleinement affirmée et réussie peut aussi être un atout : au moment de se prononcer sur l'attribution de la résidence, il constatera que le père remplit pleinement son devoir et assume son rôle avec tout le sérieux et la rigueur nécessaires. En tout cas, l'exercice de la parentalité à deux est la condition indispensable à une bonne organisation du quotidien quand les parents choisissent de mettre en place le système de la « résidence alternée ». Dans ce genre de situation, en effet, seuls un dialogue constant et l'échange permanent d'informations sont synonymes de succès.

Tiens, et si on partageait la garde des enfants ?

Ça, c'est une bonne idée. Mais comment ? Aujourd'hui, ce n'est pas le choix qui manque. À côté de la formule traditionnelle « un week-end sur deux » se développe la résidence alternée. Longtemps décriée, elle emporte de plus en plus souvent l'adhésion des parents. Mais aussi, ce qui est nouveau, celle des juges. Sur le papier, le fonctionnement est d'une grande simplicité : le père et la mère décident de prendre en charge les enfants à tour de rôle. Les modalités varient selon leurs convenances. Certains choisissent d'alterner d'une semaine sur l'autre. D'autres préfèrent les garder quinze jours avant de les confier à leur ex-conjoint. D'autres encore optent pour une division de la semaine en deux – du dimanche au mercredi, par exemple. Avantages : chaque parent s'implique de la même manière dans l'éducation et ne reste jamais longtemps sans les voir. Les journées sans eux passent plus vite : on ne se sent pas privé de leur présence. Chacun en profite pour partir en courses tranquillement ou évacuer les inévitables corvées administratives et domestiques. Et dispose ainsi du temps nécessaire pour mener sa vie personnelle et professionnelle. Enfin, les pères célibataires affirment être beaucoup plus disponibles quand ils les reprennent à leurs côtés. Ils ont pu profiter de la période « d'entre-deux » pour souffler un peu et vaquer à leurs obligations diverses. Bref, ils sont nombreux à penser qu'elle constitue la solution rêvée. Bien sûr, elle comporte un certain nombre de contraintes. Sinon, ce serait trop simple... D'abord, les parents doivent faire preuve d'un minimum d'entente et de confiance mutuelle – ne serait-ce que pour décider d'un commun accord du principe même de la garde alternée. Il est impératif qu'ils s'informent du déroulement de la semaine écoulée et du programme de la suivante. Petits incidents, gros bobos, affaires courantes : rien ne doit être laissé dans l'ombre. Le dialogue, encore le dialogue, toujours le dialogue... Ils doivent se tenir au courant « comme un couple normal », insiste un père célibataire adepte du système. D'ailleurs, alors que la résidence principale de son fils a été fixée à son domicile, lui se comporte avec la mère comme il aimerait la voir agir si le juge l'avait choisie à sa place. On s'en doute, il est aussi fortement conseillé de ne pas habiter trop loin l'un de l'autre : difficile d'envisager un tel mode de vie si l'un des deux ex-conjoints a choisi de s'installer à l'étranger, ou s'il faut traverser la France entière chaque semaine. Les allers-retours fréquents s'accommodent mal des trop longues distances. Ils risquent d'épuiser et de lasser. Enfin, il est indispensable de mettre en place une organisation que certains pères célibataires n'hésitent pas à qualifier de « redoutable ». Car les petites contrariétés matérielles ne tardent pas à se manifester, bien plus nombreuses qu'on ne l'imaginait au départ. Si les enfants possèdent désormais deux maisons, le père et la mère, eux, risquent de se retrouver avec deux fois plus de petits soucis quotidiens... Une double vie, ça ne s'improvise pas !

Double vie, doubles soucis...

Voilà les parents obligés de jongler avec deux emplois du temps parallèles. D'acheter en double vêtements, cartables et accessoires divers. D'élaborer un planning rigoureux des lessives afin d'éviter la panne : découvrir un dimanche soir que vous avez hérité des affaires sales et que vous n'avez plus rien de propre pour le lendemain matin risque de vous gâcher votre fin de week-end... Et encore, mieux vaut compter large. Tout posséder en double exemplaire ne suffit pas forcément : rien de plus facile que d'oublier de rapporter du linge de chez papa ou maman et de s'en apercevoir – un peu tard – en arrivant chez l'autre parent. Très vite, les deux paires de baskets ou les deux maillots de foot restent chez l'un, et l'autre se retrouve fort dépourvu quand s'annonce la séance de sport du lendemain... Mais les vêtements ne sont pas les seuls à se promener régulièrement d'une maison à l'autre. Prenez les jouets, par exemple : eux aussi ont vocation à se transformer en voyageurs clandestins au fond des sacs et à faire la navette au gré des déplacements. C'est ainsi que la chambre s'enrichit régulièrement de nouveaux Action Man ou de poupées Barbie inconnues jusqu'alors, qui viennent s'entasser dans l'armoire aux côtés de leurs autres collègues de plastique. Avant de disparaître comme par mystère quelque temps plus tard, puis de céder la place à de nouveaux arrivants... Mais s'il vous sera difficile d'empêcher les grandes migrations de vêtements, rien ne vous interdit d'édicter des règles strictes concernant certains jouets. « Tu veux une console Nintendo ? », demanda un jour un père célibataire à son fils. La réponse, on s'en doute, fut positive. « D'accord, céda le père. Mais elle ne sort pas d'ici et tu ne l'emportes pas chez maman. » Comme ça, vos enfants se réjouissent de retrouver leurs fidèles compagnons lorsqu'ils s'en retournent chez vous. C'est un repère supplémentaire dans leur univers personnel quelque peu bousculé. Et, de votre côté, vous n'éprouvez pas la sensation – un tantinet agaçante, il faut bien le dire – d'offrir des cadeaux qui jouent la fille de l'air à peine débarrassés de leur papier d'emballage...

Le contrat de confiance

Si les enfants sont assez grands, ils ont intérêt à posséder un jeu de clés de chacune des deux maisons. Ils pourront ainsi faire un saut rapide pour récupérer des affaires dès lors que le père et la mère ne vivent pas à des kilomètres l'un de l'autre. Certains n'hésitent pas à confier à leur ex-conjoint la clé de leur appartement afin de lui permettre de passer le jour du changement de résidence et d'emporter tout ce dont il a besoin. Ce qui nécessite une grande confiance mutuelle et une véritable qualité de relation. Deux conditions indispensables à une résidence alternée réussie. À plus forte raison s'ils ne partagent pas les mêmes idées en matière d'éducation. Après tout, l'un des deux peut très bien se montrer plutôt souple tandis que l'autre sera un modèle de discipline et de rigueur. L'un autorisera la télévision à l'heure du repas quand l'autre la limitera au week-end. Chacun son style. Une fois la séparation accomplie, il est normal que chaque parent affirme sa personnalité et entende vivre selon ses convictions. Cette différence de vues peut d'ailleurs se révéler bénéfique : les enfants seront ainsi confrontés à deux visions différentes de l'existence. Mais elle ne doit pas donner lieu à d'incessants conflits qui risqueraient de les déstabiliser et de vous épuiser. Pas question de vouloir leur imposer à tout prix l'adhésion sans réserve à vos goûts personnels et le rejet massif des choix de leur mère. L'objectif n'est pas de les tirailler entre deux modes de vie « concurrents » ni de leur faire perdre tous leurs repères. Mais plutôt d'élargir leur horizon et de les inciter à relativiser. Alors, autant commencer tout de suite par instaurer des rapports de tolérance et de respect entre les deux parents...

Langue de bois, connais pas

Cette volonté d'ouverture d'esprit doit aussi guider les rapports du père célibataire avec ses enfants. Le « parler-vrai » est préférable à la langue de bois. De même qu'il va devoir désormais se montrer proche d'eux et maintenir une régularité et une qualité de relation, il a tout intérêt à les tenir informés de l'évolution de sa nouvelle vie. Inutile de chercher à leur cacher les choses : eux perçoivent tout de suite le décalage entre le discours et la réalité. Leur intuition ne les trompe jamais. Là aussi, jouez la carte de la confiance. Traitez-les en futurs adultes. Ils sont à même d'entendre vos doutes, vos inquiétudes et vos faiblesses, bien plus que vous ne l'imaginez. Il ne s'agit pas de s'épancher auprès d'eux, mais tout simplement de leur parler. De savoir raconter et *vous* raconter. Sans vous le dire, ils seront heureux de recevoir ces marques de considération. Et ils sauront se montrer compréhensifs et bienveillants avec vous quand le besoin s'en fera sentir. Si vous traversez une mauvaise passe financière, dites-le. Ils accepteront d'autant plus facilement les quelques désagréments qu'elle est susceptible d'entraîner. Expliquez-leur aussi en quoi consistent vos obligations professionnelles, et pour quelle raison elles vous empêchent de vous montrer aussi disponible que vous l'auriez souhaité. Ils comprendront parfaitement. Et vous serez peut-être même surpris, parfois, de les entendre les évoquer spontanément. « Aujourd'hui, est-ce que tu as un rendez-vous pour ton travail ? », demande ainsi de temps en temps une petite fille à son père. Avant d'enchaîner, sans même lui laisser le temps de répondre : « Si tu as un rendez-vous, tu viens me chercher à l'école à 17 h 30. Mais si tu n'en as pas, alors tu viens à 16 h 30, d'accord ? » Par ce genre de question, ils montrent qu'ils ont bien assimilé les contraintes qui pèsent sur vous. Et qu'ils sont prêts à en assumer les conséquences, même si elles ne sont pas toujours drôles pour eux. Et ça, c'est le résultat de la confiance que vous leur témoignez...

S.O.S. grands-parents !

Au fait, dans cette histoire, n'oublions pas les grands-parents ! D'accord, vous vous êtes séparés d'avec votre compagne. Vous étiez conjoints *et* parents, vous voilà désormais « seulement » des parents (ce qui n'est déjà pas si mal, comme vous pouvez le constater chaque jour). Mais les grands-parents – tout comme les oncles, les tantes et les autres membres de la famille – restent toujours présents dans le paysage. Et heureusement : ils sont un point de repère essentiel. Un élément de permanence de l'histoire familiale, qui subsiste à travers eux en dépit de la séparation. Ils offrent une présence rassurante et garantissent une stabilité que les enfants ont en partie perdue. Ils contribuent ainsi à maintenir l'équilibre du cadre familial malgré la rupture. Et puis, avouons-le, les parents sont parfois bien contents de les trouver. Les baby-sitters ont du bon, c'est vrai, mais n'espérez pas les embaucher pour tout un week-end : elles (ou ils) n'ont pas que ça à faire. Les grands-parents, eux, disposent de temps libre, n'exigent pas d'honoraires de stars et ne demandent pas à être raccompagnés chez eux en taxi. Ils sont patients, attentionnés, compétents et ne demandent pas mieux que de donner un coup de main. Ils offrent des cadeaux à Noël et aux anniversaires, connaissent des recettes de gâteaux dont vous ne soupçonniez même pas l'existence, trouvent des idées de sorties auxquelles vous n'auriez jamais songé. Ils emmènent leurs petits-enfants en vacances ou les hébergent à la campagne. Le rêve, non ? Enfin, ça, c'est l'idéal. Dans la pratique, les choses ne se passent pas forcément aussi bien. Pas la peine de s'attarder sur les inévitables fossés qui séparent vos conceptions respectives en matière d'éducation. Le père et la mère jugent les grands-parents trop laxistes, les grands-parents trouvent à redire à propos des habitudes alimentaires ou des horaires de coucher... Tout ça, c'est le lot commun des parents, qu'ils soient séparés ou non. De la pure routine, en somme. Un mélange de conflit de générations, de désir de marquer son territoire et de volonté d'affirmer le bien-fondé de sa propre expérience. Rien de bien important. Mais le père célibataire a parfois l'impression de voir remise en cause son aptitude même à remplir correctement son rôle. Là, c'est plus embêtant. Comme s'il devait en permanence faire ses preuves. Comme s'il lui fallait sans cesse réaffirmer sa légitimité. Ce qui a le don de l'agacer prodigieusement, on s'en doute. Un jour, on lui reprochera de se montrer trop gentil. Le lendemain, on le jugera trop sévère. S'il autorise ses enfants à quitter la table lors du repas de famille dominical, histoire d'oublier un peu les contraintes habituelles de la semaine, ne risque-t-on pas de le taxer de faiblesse ? Si, au contraire, il exige d'eux qu'ils restent assis avec les adultes jusqu'à l'heure du café, ne va-t-on pas voir en lui un monstre de rigueur dénué de la moindre pitié ? Le voilà obligé de se surveiller sans relâche. De mesurer chacun de ses actes et chacune de ses paroles. Lui qui entendait justement profiter de son bref séjour pour relâcher la pression qui pèse sur lui le reste du temps... Décidément, la vie de père célibataire est sans répit. Mais surtout, qu'il tienne bon. Qu'il garde le cap sans trop se soucier du qu'en-dira-t-on. Bien sûr, il peut se tromper. Bien sûr, il lui arrive d'être à côté de la plaque dans ses décisions. Ça, il le sait. Et il se montre disposé à entendre d'une oreille bienveillante conseils, remarques et suggestions. Mais il sait aussi très bien ce qu'il doit faire. Et il n'entend pas douter de sa compétence ni remettre en question ses choix de vie. Inutile de chercher à influencer le père célibataire : il en a vu d'autres...

4

L'homme plein de qualités

Être père célibataire, c'est presque un métier. Cela s'apprend. Pas question de se laisser aller à faire n'importe quoi. Le père célibataire ressemble un peu au sportif de haut niveau : jour après jour, il se forge un style. Il s'entraîne, affine sa méthode, cherche à s'améliorer sans relâche. Il tente de corriger ses défauts. Et s'efforce de développer les qualités indispensables pour réussir dans cette harassante mais noble mission. Car des qualités, il en faut sacrément. Et pas des moindres. Se contenter de déborder d'amour pour ses enfants ne suffit pas. Mieux vaut se montrer organisé et pragmatique. Ne jamais oublier d'être humble face à la diversité et à la complexité des petites difficultés quotidiennes. Savoir rester naturel, aussi. Enfin, être patient. Infiniment patient. Conclusion : devenir père célibataire a tôt fait de vous transformer en un papa modèle. Un exemple à suivre pour votre entourage. Un parangon de vertu et d'abnégation qui s'attire l'admiration de ses voisins et de ses amis.

Seuls vos enfants n'auront sûrement pas conscience de la chance qu'ils ont d'être élevés par une figure d'exception telle que vous. Bah, autant se faire une raison : les enfants sont des ingrats, voilà tout.

Vous me copierez cent fois : « Je dois m'organiser ! »

Règle numéro 1 : s'il veut aller loin et ménager sa monture – c'est-à-dire lui-même –, le père célibataire doit à tout prix s'organiser (là, soulignez en gras). C'est indispensable. Vital, même. Sinon, bonjour l'épuisement et le découragement. Car il est vite débordé de toutes parts. Non seulement par l'accumulation des tâches domestiques, mais aussi par les assauts répétés de ses enfants (évidemment, avec un seul, les choses sont moins compliquées. Mais cela ne vous dispense pas pour autant de lire ce chapitre). Le tout conjugué, cela fait beaucoup pour un seul homme. Surtout au début, quand tous les repères du passé volent en éclats. Un temps d'adaptation est nécessaire. Tel un gardien de but seul face aux attaquants adverses, le malheureux ne sait plus où donner de la tête. Pendant qu'il se bagarre avec une boîte de conserve récalcitrante, sa fille se met à hurler parce que son petit frère lui tire les cheveux. Le temps d'intervenir dans la chambre afin de rétablir l'ordre, le calme est revenu. Tout juste s'ils ne vous regardent pas comme un intrus venu les déranger au beau milieu de leurs jeux. Pendant ce temps, dans la cuisine, rien ne va plus. L'eau bouillante s'échappe de la casserole et le chat grignote le steak posé sur la table. À ce moment-là, le téléphone sonne. À l'autre bout du couloir, des cris stridents recommencent à lui vriller les oreilles. Panique, énervement et hurlements. Aujourd'hui, c'est la fête au père célibataire... Soirée d'exception ? Non, scène tristement banale et quotidienne de la vie domestique. Mais que fait la police ? Ou plutôt, que fait le père célibataire ? Eh bien, il décide de garder son calme. De faire preuve de méthode. Pour commencer, il choisit d'anticiper. Important, ça. Ainsi, tandis qu'il fait couler le bain, il prépare dans sa tête le menu du soir (éventuellement, il peut demander aux enfants s'ils ont des envies particulières. Mais attention à ne pas les inciter à n'être qu'une force d'opposition et à refuser tout ce qui leur est proposé. Et de toute façon, il constatera très vite que leurs préférences vont toujours aux mêmes plats). Il effectue mentalement une revue rapide des vêtements propres pour le lendemain. Tout à l'heure, au moment du fromage, il réfléchira à l'histoire qu'il leur racontera avant d'éteindre la lumière. Bravo : il progresse. Mais il peut encore faire mieux. Par exemple, il doit apprendre à coordonner les tâches. Pas question de les enchaîner l'une après l'autre – c'est-à-dire n'importe comment. Exemple : alors que ses enfants, une fois shampouinés et astiqués, lui laissent un moment de répit en s'amusant dans leur bain, il s'en va tranquillement passer à l'action dans la cuisine. Il entame la préparation du repas et met le couvert. Tout en jetant un coup d'œil du côté de la baignoire, histoire de vérifier qu'elle ne ressemble pas à une version moderne des Grandes Eaux de Versailles. Pendant qu'ils se lavent les dents, il débarrasse la table. En même temps qu'ils enfilent leur pyjama, il lance le programme numéro cinq (dit « normal ») du lave-vaisselle. C'est la taylorisation revue et corrigée par le père célibataire. La division du travail appliquée à la vie domestique. Comme ça, pas une minute de perdue. Tout se déroule dans l'harmonie et la bonne humeur. Il ne se sent pas l'esclave des corvées, puisqu'il mène tout de front sans le moindre effort. Et avec le sourire, en plus. Par moments, il aurait presque l'impression de tourner dans une de ces pubs télévisées qui montrent à quel point la vie à la maison est source d'épanouissement. C'est dire s'il domine la situation. Alléluia : le bonheur est en vue.

Esprit pratique, es-tu là ?

Mais s'il entend maîtriser pleinement les contraintes d'une bonne organisation, le père célibataire se doit d'être pragmatique. Son expression favorite : « Et concrètement, je fais comment ? » Le concret, c'est son horizon indépassable. Sa religion absolue. Seules comptent pour lui les réponses pratiques aux soucis qu'il rencontre. Il prend les problèmes à bras-le-corps. « Au cul des vaches », comme le dit l'un d'eux, adepte des expressions imagées mais ô combien parlantes. Il plonge en permanence ses deux mains dans le cambouis. Il va au charbon comme d'autres partent au boulot le matin. Il se transforme en soutier de la vie quotidienne. Et si par hasard il n'était pas, dans son existence antérieure, très à l'aise avec les petits tracas de tous les jours (ce qui est le cas de la plupart, soyez rassurés), il a tôt fait de s'improviser spécialiste multicarte. Aussi compétent pour préparer le repas que pour trouver au pied levé une idée de sortie le week-end. Pour sûr, il apprend vite. Il laisse de côté les grandes théories psychanalytiques pour se concentrer à fond sur le vécu. La théorie, d'ailleurs, il n'en a cure. Il ne se promène pas avec l'intégrale de Françoise Dolto dans la poche. Il ne consulte pas à tout bout de champ les manuels pour savoir comment réagir en cas de poussée de fièvre ou de crise de jalousie soudaine chez son aîné. Il se débrouille. Il improvise. Il fonce. Inutile de chercher des recettes miracle du côté des journaux en quête d'articles « psycho » : les magazines masculins préfèrent enquêter sur les meilleurs moyens de durcir ses abdos. Quant aux féminins, comme on s'en doute, ils s'intéressent plutôt aux soucis et aux angoisses de leurs lectrices. L'idéal, ce serait de mettre sur pied des clubs de pères célibataires. Des structures à vocation pratique où ceux-ci pourraient échanger conseils, bons plans, trucs et astuces en tout genre. Malheureusement, la formule reste encore à inventer. Les seuls clubs de papas qui existent pour l'instant apportent leur concours au moment du divorce et aident les pères à se battre pour garder le lien avec leurs enfants. Mais leur rôle s'arrête là, même si les relations qui se nouent entre participants se prolongent parfois au-delà de leurs divorces respectifs. Du coup, le père célibataire doit s'arranger tout seul pour apporter des solutions à ses problèmes. Comme le résume l'un d'eux, fort d'une solide expérience d'une quinzaine d'années : « Il faut être démerde ! » On ne saurait mieux dire.

Surtout, restons simples

Très vite, le père célibataire découvre les vertus d'une qualité de plus en plus rare de nos jours : l'humilité. Il devient philosophe. Il se rend bien compte que la perfection n'est que vaine illusion. S'il espérait muer en une sorte de démiurge domestique capable de recréer un monde nouveau à l'abri des soucis habituels de l'existence, il déchante vite. C'est loupé. Surtout, surtout, qu'il ne se prenne pas pour Superman ! Même si ses enfants ont l'impression de disposer d'un authentique super-héros à la maison et lui laissent penser qu'il est décidément un type hors du commun. En vérité, le père célibataire est un homme comme les autres (avec du temps libre en moins et des cernes sous les yeux en plus). Il doit garder sans cesse à l'esprit qu'il est un papa ordinaire (ce qui n'est déjà pas si mal). Quand bien même il serait fier d'accomplir des gestes qui lui auraient paru se situer au-delà de ses capacités il n'y a encore pas si longtemps. Comme, par exemple, enfiler la couette d'un lit double dans sa housse sans l'aide de quiconque (ceux qui ont déjà essayé savent à quel point l'opération est longue et complexe). On ne lui conseillera donc jamais assez de savoir reconnaître ses faiblesses. Et de ne pas les cacher à ses enfants. Rassurez-vous, ils se doutent de tout. Ils n'ont pas leur pareil pour s'apercevoir que quelque chose cloche. Vous êtes mort de fatigue ce soir et n'avez pas le courage de préparer un dîner complet ? Dites-le. Après tout, un plateau-repas bricolé à la va-vite ne provoquera pas un retard de croissance. En plus, c'est bien connu : les mômes adorent. Pour eux, toute occasion de sortir de la routine donne un air de fête au quotidien. Vous vous sentez mal fichu et n'avez qu'une hâte, celle d'aller vous coucher tôt pour reprendre des forces ? Annoncez-le clairement. Ils comprennent parfaitement ce genre de situation. Et vous serez surpris de constater à quel point ils sont soucieux de respecter votre besoin de calme et de repos. Même si, en temps normal, c'est la croix et la bannière pour obtenir d'eux qu'ils aillent se coucher sans traîner des pieds ni faire la java pendant une demi-heure. Vous traversez une mauvaise passe financière et il va falloir vous montrer un peu moins généreux que d'habitude au rayon « Jouets » du supermarché ou chez le marchand de bonbons ? Inutile de le cacher. Mieux vaut en parler clairement. Sinon, ils risquent de s'interroger à propos de votre changement d'attitude. Expliquez-leur la nouvelle donne. Dites-leur qu'elle est provisoire et que vous reviendrez bien vite aux bonnes habitudes, et tout se passera bien. Vous aurez fait appel à leur sens des responsabilités : rien de tel pour les valoriser et les amener à penser que, décidément, ils sont des « grands » sur qui vous pouvez compter dans les moments difficiles... Tous les pères célibataires vous le confirmeront : on a beau se donner au maximum, on n'est jamais sûr d'être à l'abri d'une erreur ou d'une défaillance passagère. Alors, autant en prendre son parti dès le début et rester conscient de nos limites. Ce qui implique d'abandonner toute velléité de zéro défaut. Le perfectionnisme, voilà l'ennemi ! Pour faire tourner la maisonnée, vous devrez être efficace dans votre organisation quotidienne, et donc savoir aller vite. Dans ces conditions, ne vous épuisez pas à chercher la petite bête. Ne soyez pas trop exigeant avec vous-même : il vous restera toujours une pièce à astiquer, un paquet de linge en retard à laver, un placard à ranger ou un frigo à réapprovisionner. Pas de panique ! L'essentiel est que vos enfants ne manquent de rien et soient heureux. Le reste, ça viendra quand ça viendra. De l'humilité, on vous dit...

100 % père naturel

On ne le répétera jamais assez : soyez vous-même ! Ne vous croyez pas obligé de suivre un modèle. D'ailleurs, dites-vous bien qu'il n'existe pas de modèle. Pas de référence à adopter les yeux fermés. Pas de costume prêt-à-porter du père célibataire idéal. Celui-ci reste à inventer en permanence. Et c'est vous, justement, qui en êtes l'inventeur. S'il y avait un seul conseil à donner au père célibataire débutant et angoissé en quête de recommandations, ce serait celui-là : gardez votre naturel. Oubliez tous les stéréotypes. Ne tombez pas dans le jeu de rôle. Vous avez de la chance : vous n'êtes pas soumis au diktat de directives imposées par la presse féminine, la télévision ou la société. Le père célibataire, au fond, tout le monde s'en fiche un peu – et même beaucoup, d'ailleurs. On ne lui prête pas attention. À peine si on remarque sa présence dans le décor. Personne ne prend la peine de lui dire comment il doit habiller ses mômes ni à quel endroit il doit les emmener en vacances pour être « tendance ». On ne lui demande pas son avis. Tant mieux. Conclusion : vous êtes libre ! Libre de les élever à votre guise et de décider de vos nouvelles règles de vie. Alors, pas la peine de vous compliquer l'existence en vous demandant si vous vous conformez bien aux normes. Mais quelles normes, d'ailleurs ? Vous n'avez pas à tenir compte d'une quelconque idéologie dominante qui viendrait vous imposer la meilleure éducation à donner. Un exemple : ne vous plongez pas dans des abîmes d'interrogations parce que vous vous trouvez « trop câlin ». Ou si, à l'inverse, vous ne l'êtes « pas assez »... Trop ou pas assez par rapport à qui, par rapport à quoi ? Vous êtes comme vous êtes, point à la ligne ! Et c'est très bien ainsi. Si vous tenez absolument à vous rassurer, dites-vous que vous apportez à vos enfants votre propre conception du monde. Et ça, c'est irremplaçable, non ? Personne ne pourra le faire à votre place. Vous ne partagez pas les convictions de leur mère à propos de leur nourriture ? Tant mieux : ils exploreront un autre univers culinaire chaque fois qu'ils viendront chez vous. Vous n'avez pas les mêmes goûts qu'elle en matière de loisirs ? Très bien. Comme ça, ils sauront qu'ils pourront varier les activités en passant de l'un à l'autre. Vous êtes plutôt décontracté face aux questions de santé, cause d'angoisse permanente chez leur mère ? Parfait. Rien de tel pour dédramatiser et leur apprendre à faire preuve de sérénité. Insistez toujours sur vos différences : ils seront ainsi confrontés à deux visions différentes de la vie. Pour eux, ce sera une véritable richesse.

Votre mission (si vous l'acceptez) : rester patient

Le père célibataire ressemble au Bouddha. Comme lui, il garde son calme en toute circonstance. Il ne s'énerve pas. Il ne hausse jamais la voix. Il ignore la colère. Il n'hésite pas à répéter ses instructions autant de fois que nécessaire. Malgré le désordre et les cris qui envahissent régulièrement le domicile familial, il reste maître de lui-même. Il incarne la figure débonnaire de l'autorité bienveillante, dressée tel un phare rassurant dans la tourmente domestique... Stop ! Ne rêvons pas, tout de même. Ça, c'est l'idéal. Le fantasme. Dans la vraie vie, on l'a vu, il arrive qu'il se fâche plus souvent qu'à son tour. Mais entre deux colères, il pratique autant que possible une vertu indispensable : la PATIENCE. La patience, dites-vous ? « Disposition d'esprit de celui qui sait attendre en gardant son calme », nous renseigne le dictionnaire. Si vous n'avez qu'une vague idée de ce que ce mot signifie précisément, vous l'apprendrez vite (c'est là l'un des nombreux avantages de la condition de père célibataire : elle vous conduit à développer certaines qualités malgré vous et sans tarder). Dans cette définition, les mots clés sont, bien sûr, « attendre » et « calme ». Le père célibataire passe sa vie à attendre ses enfants. C'est dur. Et, surtout, il s'efforce de le faire dans le calme. Ça, c'est très dur. Il attend le matin qu'ils aient choisi le jouet qu'ils vont emporter à l'école (allez savoir pourquoi, ce rituel exaspérant survient toujours à la dernière minute). Il attend le soir qu'ils entrent dans leur bain, puis qu'ils commencent à s'endormir. Il attend le week-end qu'ils se décident à ranger leur chambre. Il attend dans les allées des magasins qu'ils décollent le nez du rayon « Jouets ». Plus généralement, il attend avec impatience le jour béni où, enfin devenus grands, ils cesseront de le faire attendre (mais, entre nous, il n'est même pas certain que cette délivrance devienne jamais réalité). Pour meubler cette attente, il a tendance à tenir tout le temps le même discours. Il anônne sans cesse les mêmes formules. Il use et abuse d'une batterie de mots magiques censés débloquer la situation : « allez ! », « dépêchez-vous ! », « vite ! », etc. Peine perdue : les enfants ne partagent pas notre conception du temps – tant mieux pour eux, d'ailleurs. Ils restent insensibles à ces objurgations. Lesquelles servent surtout à permettre au père de ne pas craquer et de se fabriquer une contenance. Alors, il change de tactique : il devient PATIENT. Comme dans le dictionnaire. Il se dit : « Restons calme ! » Il écoute mieux ses enfants. Il s'efforce de sourire en leur donnant ses instructions. Il leur parle tranquillement. Il se souvient de ce qu'on lui apprenait à l'école quand il était petit : il prononce distinctement. Il articule avec soin. Peut-être s'obstine-t-il à ressasser les mêmes incantations (« allez ! », « dépêchez-vous ! », « vite ! », etc.). Mais, au moins, dans la bonne humeur. Au fait, obtient-il un meilleur résultat ? Ça, c'est selon. Ça dépend des jours. Mais c'est tout de même moins fatigant que de s'énerver et de se fâcher. Bref, le père célibataire a le sentiment de s'améliorer. Il se dit qu'il joue de mieux en mieux son rôle. Il sent bien qu'il progresse. Rude métier, tout de même...

Fatigué, moi ? Jamais ! (enfin, presque)

Un mot pour finir : tâchez d'éviter d'être fatigué. La fatigue, voilà un autre ennemi ! Facile à dire, difficile à mettre en application, reconnaissons-le. Il n'est pas toujours simple de rester en pleine forme quand on doit s'occuper seul d'un ou plusieurs enfants débordants d'énergie. Eux récupèrent en un clin d'œil. Pas vous, malheureusement. Il leur suffit d'une bonne nuit pour être d'attaque et repartir de plus belle à l'assaut. Dans votre cas, c'est un peu plus long. Surtout, on l'a vu, que vous n'êtes pas tiré d'affaire une fois qu'ils sont couchés. Pas question de les imiter et de vous précipiter dans votre lit douillet alors que les tâches ménagères vous réclament avec insistance. Et pour peu qu'ils vous réveillent et vous obligent à vous lever, les yeux hagards et la mine défaite, tout se complique. Vous risquez de vous énerver pour un rien, de vous montrer impatient et de perdre tout plaisir à vous occuper d'eux. Donc, récupérez. Prenez des forces dès que vous le pouvez. N'hésitez pas à grappiller quelques minutes de sommeil dès que vous en avez l'occasion. À vous autoriser une sieste le week-end pendant qu'ils s'amusent dans leur chambre ou regardent une cassette à la télévision (les magnétoscopes ne servent pas qu'aux enfants, figurez-vous : ils ont aussi été inventés pour permettre aux parents de vaquer à leurs occupations en toute tranquillité. Et en toute bonne conscience, en plus). Expliquez-leur sans détour : vous êtes épuisé et vous avez besoin de repos avant de les emmener en balade. Vous verrez, ils resteront tranquilles. Même s'ils ont l'habitude de se crêper le chignon et de se bagarrer à longueur de temps (d'accord, par sécurité, mieux vaut opter pour un petit somme de dix minutes plutôt que pour une grosse sieste d'une heure). Le dimanche matin, n'hésitez pas à traîner au lit ou à vous recoucher après leur avoir préparé le petit déjeuner. Vous avez toute la journée devant vous. Autant vous lever en forme, prêt à vous consacrer entièrement à eux. Les occasions de vous reposer sont trop rares pour que vous les laissiez filer. Et dites-vous qu'ils préfèrent voir leur père en pleine forme et disponible, plutôt que de supporter un papa grincheux et sans ressort...

5

Mais qui commande, ici ?

Et si l'on parlait un peu de l'autorité ? Beau sujet de réflexion. On imagine le thème d'une dissertation : « Grandeurs et vicissitudes de l'autorité du père célibataire. Relatez votre expérience personnelle en quatre pages. Copies ramassées dans une heure. » Il y aurait de quoi raconter, c'est certain. Car la pratiquer au quotidien n'est pas une mince affaire pour le père célibataire. Maintenant qu'il est seul à s'occuper de ses enfants, pas question pour lui de se laisser déborder. Or, on l'a vu, il n'en faut pas beaucoup pour qu'il ait le sentiment d'être assailli de toutes parts. S'il ne se montre pas vigilant, il a tôt fait de prendre l'eau et de courir en tous sens pour colmater les brèches. Entre les tâches matérielles qui ne cessent de s'accumuler, ses obligations professionnelles qu'il doit continuer à assumer et son nouveau statut qu'il doit apprendre à maîtriser, il n'en finit pas d'être sollicité. S'il veut que tout fonctionne *à peu près* – au début, ne soyons pas trop exigeants – normalement, il a tout intérêt à se faire respecter à la maison. Car s'il doit en plus jouer à tout bout de champ les Père fouettard et les gardes-chiourme, très peu pour lui !

Dans un monde idéal, l'autorité du père célibataire s'impose en douceur. Foin des cris et des éclats de voix : tel un Gandhi en chaussons, il affirme son ascendant naturel par la chaude douceur de sa voix et la sûreté de son geste. Son prestige et son charisme suffisent à lui assurer une confiance illimitée et une obéissance aveugle de la part de ses enfants. Bon. Ça, c'est effectivement la description d'un monde idéal. Dans la vraie vie de tous les jours, les choses ne se passent malheureusement pas comme ça. L'autorité se mérite. Elle se conquiert, même. Elle s'obtient au prix d'une lutte sans cesse renouvelée. Le père célibataire mène de véritables combats de tranchée pour en arracher pied à pied de minuscules parcelles. Il lui faudra ensuite les défendre jour après jour face aux assauts renouvelés de ses enfants, lesquels ne s'avouent jamais vaincus, c'est bien connu. Pour lui, les avantages acquis n'existent pas. Dans ce monde domestique ô combien dur et cruel pour le pauvre père isolé, rien n'est jamais définitivement gagné : il doit se battre, encore et toujours.

Avant, c'était le bon temps !

Dans sa vie antérieure, tout était plus facile pour le père célibataire. Du temps où il vivait encore en couple, il ne se posait pas trop de questions. Première possibilité : il incarnait la Figure (notez le « F » majuscule) de l'Autorité (notez le « A » majuscule) au sein du foyer conjugal. Il donnait ses instructions et instaurait les interdits. Pour les enfants aussi, les choses avaient le mérite d'être simples : à la question « Qui commande à la maison ? », ils avaient tendance à répondre naturellement : « C'est papaaa ! » Cette distribution des rôles correspondant à une conception de la cellule familiale plutôt traditionnelle, mais parfois encore en vigueur de nos jours. Deuxième possibilité : les décisions étaient harmonieusement réparties entre la mère et le père. À la question « Qui commande à la maison ? », ceux-ci pouvaient répondre en chœur : « C'est nous deuuux ! » Là, on reconnaît le couple d'aujourd'hui : celui qui partage tout. Les tâches domestiques (enfin, jusqu'à un certain point seulement), la voiture et l'exercice de l'autorité. *Exit* le paterfamilias d'antan, bonjour la famille moderne. Avantage pour le père : il n'était pas le seul à devoir supporter sur ses frêles épaules le poids souvent ingrat du commandement. Une situation bien commode : quand il sentait s'éroder sa capacité de persuasion des enfants, quand il voyait chanceler son aptitude à se faire entendre sans devoir hausser le ton, il passait le relais à la mère. L'un comme l'autre pouvaient, chacun à son tour, endosser la casaque du « gentil » ou du « méchant » selon les besoins du moment. Et leur état de fatigue, aussi : affirmer son autorité ne manque pas d'être épuisant. L'exercice exige d'être en bonne forme si l'on veut se montrer crédible et se faire respecter. Cette répartition des fonctions offrait le double mérite d'être non seulement pratique, mais aussi reposante. Elle empêchait en outre les enfants de jouer, en fonction de leurs intérêts du moment, la carte « papa » ou la carte « maman ». Et leur interdisait toute velléité de « manipulation », domaine dans lequel ils font preuve d'un véritable talent naturel.

Des principes, encore des principes, toujours des principes !

Désormais, c'est terminé. Le père est tout seul à incarner l'autorité. Il ne compte plus que sur lui. Il doit s'appuyer sur ses propres forces s'il est fatigué. Il ne peut faire appel à personne s'il sent son ascendant sur ses enfants lui échapper. Que faire ? Il voit bien qu'il perd le contrôle de la situation, mais risque de se trouver enfermé dans un rôle purement répressif d'où il ne saura comment sortir. Et personne à l'horizon pour le relayer afin de dédramatiser et permettre à la tension de retomber... Pas facile, vraiment. Relâcher la pression ? Ce serait risqué. Renoncer ? Surtout pas ! Le père n'a pas le choix : il doit absolument imposer des règles à ses enfants. Leur fixer des limites. Leur dire « non ». Même si les retrouvailles sont un vrai moment de fête et l'inclinent à une indulgence bien compréhensible, il ne peut se permettre de leur laisser la bride sur le cou. Sous peine de se retrouver débordé, incapable d'assurer un minimum d'ordre et de discipline à la maison. Comme s'exclame l'un d'eux sur un ton amusé : « Ce n'est pas Disneyland tous les week-ends, ici ! » Il ne manquerait plus que ça, tiens. Donc, il est impératif de faire respecter quelques principes. Si vous le voulez, vous pouvez les écrire sur une feuille de papier que vous afficherez sur la glace de l'armoire de la salle de bains. Histoire de garder en mémoire, tout en vous rasant le matin, les quelques commandements indispensables à une cohabitation domestique harmonieuse et pleine de respect mutuel. Nous n'en dresserons pas la liste exhaustive. D'ailleurs, elle risque de varier d'un père célibataire à l'autre. Contentons-nous seulement de citer quelques-uns des grands classiques intemporels et indémodables.

« On est poli, merci ! »

Le matin, on se dit bonjour. Le soir, on se souhaite une bonne nuit. Et chaque fois, bien sûr, on n'oublie pas de déposer un petit baiser (pas trop mouillé, merci) sur la joue de son papa adoré (concernant ce dernier point, jusqu'à un certain âge, il n'est pas trop besoin de réclamer. Après, cela se négocie. Comme beaucoup de choses, hélas). Dans la journée, on n'oublie pas de dire « s'il te plaît » et « merci ». Ça ne mange pas de pain et ça fait toujours plaisir. En plus, les gens que vous croisez dans la rue ne manquent pas de s'extasier sur ces enfants « si bien élevés, vraiment ! ». Ce qui est tout bénéfice pour votre image de père célibataire responsable qui s'y entend en matière d'éducation.

« On se brosse les dents, svp ! »

Opération à renouveler chaque jour : le matin avant de partir pour l'école et le soir avant d'aller au lit. Si vous vous débrouillez bien, vous devriez sans trop de difficultés transformer cette corvée biquotidienne en une véritable partie de plaisir. Le père célibataire d'aujourd'hui a de la chance : les fabricants rivalisent d'ingéniosité pour inventer quantité de produits rigolos. Avec tous ces dentifrices parfumés à la fraise et décorés à l'effigie de leurs personnages de dessin animé favoris, les enfants ont tôt fait de considérer le brossage de quenottes comme un rituel agréable. Même le dimanche soir où vous rentrez de week-end et où vous n'avez qu'une hâte, celle de les fourrer au lit et d'aller vous coucher à votre tour : vous verrez, ils sont capables de réclamer à cor et à cri leur brosse rouge et verte en forme de crocodile. Quitte à chanceler devant le lavabo, les yeux à moitié fermés, épuisés par leur journée. Consolez-vous en songeant qu'un tel amour de l'hygiène fait plaisir à voir (et profitez-en : il ne durera peut-être pas à la période de l'adolescence). Si les vôtres font malheureusement exception à la règle, essayez toujours la brosse électrique. Ou proposez de passer leur disque favori pendant qu'ils se nettoient les prémolaires. Tous les spécialistes de l'hygiène bucco-dentaire vous le diront : la durée idéale de brossage correspond pile-poil à la durée moyenne d'une chanson, soit environ trois minutes... Pratique, non ? En désespoir de cause, organisez des concours : si vous avez plusieurs enfants, récompensez le premier à avoir terminé ou le recordman mondial de brossage en individuel (justement détenu par vous-même, tenant du titre depuis votre prime jeunesse). Veillez tout de même à ce qu'ils ne bâclent pas l'opération en se lavant les dents à la va-vite... Ne baissez pas les bras : leur hygiène est au bout du chemin. Et votre autorité aussi...

« Les affaires sales ? Au panier ! »

D'accord, ça n'a l'air de rien. Mais à la longue, c'est agaçant de devoir se pencher et de risquer un lumbago pour ramasser des vêtements jetés par terre dans la salle de bains (les enfants adorent, au moment de grimper dans la baignoire, se débarrasser de leurs affaires sales en les balançant par-dessus leur épaule). Alors que vous venez justement d'acheter un superbe bac à linge dont vous êtes si fier (miracle, il tient juste entre le radiateur et la baignoire. En plus, il est presque de la même couleur que le rideau de douche). C'est l'occasion de leur apprendre que les vêtements propres ne poussent pas comme une génération spontanée : d'abord, il faut les déposer dans le bac à linge avant de les transporter dans la machine à laver. Certains réussissent à transformer en un jeu cette formalité on ne peut plus fastidieuse pour ces pauvres petits (rendez-vous compte : ils doivent tout de même soulever le couvercle du bac à linge, y déposer leurs vêtements et le refermer. Épuisant, non ?). Il suffit d'un peu d'imagination. Du genre : « Alors on dirait qu'on serait au cirque et que tu devrais lancer ton maillot en l'air avant d'aller dans l'eau et que je devrais le récupérer sans le laisser tomber parce que sinon j'aurais perdu et tu me donnerais un gage et après on dirait que tu le rangerais toi-même dans le bac à linge, d'accord ? » Essayez : normalement, ça marche. Vous voyez, il n'en faut pas beaucoup pour égayer les tâches quotidiennes les plus insipides et les plus répétitives.

« On n'oublie pas de débarrasser la table... »

Que les choses soient bien claires : ici, on n'est pas au restaurant ! Pas question de laisser vos enfants filer comme une fusée dans leur chambre une fois la dernière bouchée avalée. D'accord, vous êtes chargé de préparer leur repas chaque soir (et même, parfois, à midi). Cuisiner relève de votre responsabilité. Cette noble activité exige en effet un minimum de savoir-faire et d'expérience. Et, de toute façon, vous n'avez aucune envie de les laisser décider de la composition du menu : s'il s'agit de ne manger que des pâtes et des hamburgers arrosés de jus d'orange hyper-sucré, merci bien ! Mais ce n'est pas une raison pour que l'on vous considère comme l'homme à tout faire de la maison. Donc, après le déjeuner et le dîner, vos enfants vous donnent un coup de main pour débarrasser la table dès qu'ils sont en âge de transporter un verre sans risquer de le casser en morceaux. Ou, pourquoi pas, se chargent à part entière de cette opération. C'est comme ça. On ne discute pas. S'ils se prêtent de mauvaise grâce à l'exercice, procédez comme pour le brossage de dents : faites en sorte que ce pensum ressemble à un moment de plaisir. Par exemple, organisez la course des débarrasseurs de table, sur le modèle de la course des garçons de café. Évidemment, vous participerez au jeu. L'exercice consistera à arriver le premier dans la cuisine avec le plus d'ustensiles possible. Avec interdiction d'en perdre en route ou d'en casser et d'en ébrécher. Vous pouvez même mettre sur pied une espèce de championnat et attribuer des points en fonction des résultats quotidiens de chacun... Appelez-en à leur sens des responsabilités : s'ils revendiquent le droit de lire au lit plus longtemps que d'habitude ou de regarder exceptionnellement une émission tardive, expliquez-leur que ce surcroît de liberté doit s'accompagner d'une plus grande implication dans les tâches de la maison. En même temps, profitez-en pour leur apprendre à ne pas (trop) salir. À éviter de manger comme des cochons en renversant la moitié du contenu de leur assiette sur la table ou par terre. C'est leur intérêt : comme ça, moins ils salissent, moins ils auront à nettoyer ensuite. Et hop : vous venez de leur inculquer au passage une petite notion de propreté. C'est toujours ça de pris. S'ils râlent un peu, expliquez-leur que vous leur rendez service : mine de rien, vous les initiez en douceur à l'apprentissage de la vie sociale et du partage des responsabilités. Vous êtes pleinement dans votre rôle de père. C'est beau, non ? Et par la même occasion, vous n'éprouvez pas la pénible impression de vous coltiner seul tout ce que la maison compte de petites (ou grandes) corvées. Ce n'est pas grand-chose, mais c'est déjà ça.

« Rangez-moi cette chambre ! » (air connu)

Ça, c'est le classique des classiques. La rengaine favorite du père célibataire. Son obsession quotidienne. Son principal motif d'énervement, aussi. Son rocher de Sisyphe à lui. Le rangement de la chambre par son (ou ses) occupant(s) est à l'image de l'existence : un éternel recommencement. Un chantier perpétuellement inachevé. Un fantasme. Presque une utopie. C'est bien connu : les enfants adorent le désordre qui règne dans leur pièce favorite (parfois, le père célibataire s'y entend tout aussi bien pour entretenir un bazar identique dans la sienne. Il existe tout de même une sacrée différence : il est maître chez lui, bon sang !). Et encore, s'ils se contentent de leur chambre pour occuper l'espace, réjouissez-vous. Mais bien souvent, ils prennent un malin plaisir à transporter leur petit univers avec eux, tout comme la tortue et l'escargot trimbalent leur maison sur leur dos (surtout, évitez d'avancer cette comparaison devant eux : elle risque de les encourager à imiter ces sympathiques animaux et à user de leur exemple comme d'une sorte de caution morale). Les spécialistes ont beau vous expliquer que tout cela est normal, que l'enfant n'a pas vraiment conscience des notions d'ordre et de désordre avant un certain âge, ça vous agace. On peut le comprendre. Rien de plus énervant que de se tordre le pied en marchant malencontreusement sur une petite voiture en métal oubliée sur le tapis. Ou de se frayer un chemin dans un encombrement de jouets amassés par terre, tel un explorateur progressant à coups de machette à travers la forêt vierge. Là, l'enjeu est de taille. Il s'agit de ne pas se laisser envahir.

Pour cela, une seule solution : la fameuse « tolérance zéro ». Le principe est très simple : surtout, n'attendez pas pour intervenir ! Si vous laissez, par flemme ou par nonchalance, s'accumuler le désordre, vous êtes perdu. Il est donc nécessaire d'agir tout de suite. De ne rien négliger. De traquer le moindre petit bout de plastique aux allures de jouet qui gît abandonné dans un coin. Sinon, les objets accumulés auront vite raison de votre courage. Vous en laisserez traîner un, puis deux, puis dix. Et vous finirez par renoncer à ranger, accablé devant l'ampleur de la tâche. Vos enfants, croyant lire un encouragement dans votre renoncement, ne se gêneront pas pour se laisser aller à leur penchant naturel. Vous imaginez d'ici la situation ? Un cauchemar ! Et voilà comment le malheureux père célibataire finit par ressembler à un personnage de bande dessinée : le pauvre Fantasio, celui qui lutte en vain contre le capharnaüm d'un certain Gaston Lagaffe... Donc, de la volonté. De la rigueur. De la fermeté. Pour les motiver, emmenez-les choisir leurs propres boîtes de rangement. Les magasins en regorgent : en ce moment, c'est très « tendance »... N'ayez pas peur de mettre la main à la pâte et de leur donner un coup de main afin de montrer combien cette opération peut être agréable (avec un peu de conviction, vous finirez par en être vous-même persuadé). En désespoir de cause, n'hésitez pas à faire dépendre leur distraction favorite d'une chambre en ordre. Ce n'est certes pas très flatteur pour l'ego : se dire que l'on n'est obéi que par le recours à la sanction n'est guère gratifiant. Mais quand il en a plus qu'assez de s'égosiller dans le vide, le père célibataire a bien le droit de recourir à ce genre de technique... Il n'existe qu'un seul cas où le désordre sera toléré : quand il permet au père célibataire de garder sous les yeux les traces matérielles de ses enfants en leur absence. Certains choisissent, après le départ de ces derniers chez leur mère dans le cadre d'une garde alternée, de ne pas ranger tout de suite leur chambre. Histoire d'avoir l'impression de les garder à leurs côtés en attendant la date de leur prochain retour. Mais ce jour-là, plus de pitié : tout devra rentrer dans l'ordre. Et le père célibataire reprendra – sans trop y croire – son infatigable combat pour une chambre rangée...

Père et mère : deux personnes, une seule voix

Voilà quelques-unes des règles de vie – pas trop contraignantes, avouez-le – que vous vous devez d'inculquer à vos enfants. Il en existe d'autres, bien sûr. Mais pas la peine de vous accabler d'entrée sous le poids de vos responsabilités éducatives, de peur de vous décourager. En tout cas, soyez sans complexe. Oubliez votre culpabilité mal placée. En agissant ainsi, vous rendez service à vos enfants (et à vous-même, ce qui ne gâte rien). Les spécialistes de l'éducation sont unanimes : ils ont besoin de limites. Besoin de vous entendre leur dire « non ! ». Il n'y a rien de plus structurant. Les enfants eux-mêmes vous le confirmeront : ils sont les premiers à réclamer une véritable autorité de votre part. Le maître du jeu, c'est vous. Certainement pas eux. Tout ça, ils le savent bien. Mais cela ne fait pas de mal de le leur rappeler régulièrement... C'est parfois difficile. Surtout quand on est tout seul. Garder le cap sans faiblir n'est jamais simple. Alors, un conseil : veillez à instituer des règles identiques chez leur mère et chez vous. Pour les petits détails quotidiens, chacun est libre d'agir à sa guise. Mais pour ce qui est des sujets les plus importants, comme l'autorité ou la santé, il est nécessaire de vous concerter avec elle régulièrement et de vous mettre d'accord. D'abord parce qu'il serait injuste que les enfants puissent faire ce qu'ils veulent chez l'un et se trouvent obligés de filer droit chez l'autre. Il n'y a aucune raison pour qu'ils se sentent en vacances chez leur père et à la caserne chez leur mère – ou l'inverse. L'un des deux parents n'a pas à assumer les tâches ingrates et être le seul à faire preuve d'autorité, pendant que l'autre ne se consacrerait qu'aux loisirs dans une atmosphère de liberté absolue. Trop facile. Ensuite, il est de votre intérêt de pouvoir compter sur les mêmes règles de vie d'un foyer à l'autre. C'est le meilleur moyen de vous faire obéir sans broncher. La meilleure garantie de voir vos ordres suivis sans qu'ils donnent lieu à des discussions interminables ponctuées d'arguments irritants (du style : « Mais chez maman, on fait comme ci et pas comme ça ! »).

Vos enfants sauront qu'il est inutile pour eux de jouer l'un des deux parents contre l'autre. Ce serait peine perdue : vous parlez d'une seule voix. Vous vous informez mutuellement de ce qui s'est passé chez l'autre – et ils le savent. Sinon, rien ne va plus. Vous risquez de les voir s'engouffrer dans la moindre faille qu'ils auront décelée. Attention : à ce petit jeu, ils sont champions ! Ils passeront leur temps à vous tester. Jusqu'à ce que vous finissiez par lâcher prise, parfois sans même vous en rendre compte, vaincu par leur capacité redoutable à profiter de la moindre de vos petites faiblesses...

Dur, dur de dire « non »...

Allez, reconnaissons-le : ce n'est pas toujours facile d'incarner la figure de l'autorité. Pas toujours amusant de tenir ce rôle quand on voit ses enfants par intermittence, au gré de leurs allers-retours entre le domicile de leur mère et celui de leur père. On est souvent tenté de lâcher du lest, de peur d'être perçu comme une figure purement répressive. Comme l'empêcheur de faire l'andouille en rond qui ne serait là que pour édicter des règles, imposer des limites, dresser des barrières. Pas très motivante, cette vision du père... Et surtout très ingrate. Déjà, le père qui voit peu ses enfants se trouve exclu du quotidien. Il est dépouillé de toute une partie de sa relation avec eux. Il se sent spolié de cette complicité quotidienne et naturelle qu'il partageait avant la séparation. Une complicité qui, on l'a dit, met parfois un peu de temps avant de revenir, quand père et enfants se retrouvent après quelques jours – ou quelques semaines – d'une vie chacun de son côté. S'il doit en plus privilégier la part la moins gratifiante de sa personnalité et de sa relation avec ses enfants, c'est un peu rude. Ceux-ci sont déjà comme écartelés entre leurs deux parents. Alors, si la tendresse se trouve seulement du côté de la mère, le père se dit que, peut-être, ils vont cesser de l'aimer... C'est justement au moment où il éprouve l'envie d'être complice qu'il doit revêtir la tunique sévère du paterfamilias. Franchement, il trouve que la vie est parfois mal fichue...

Cette question de l'autorité peut aussi être rendue plus compliquée par une compétition ou un conflit avec la mère. Ou, tout simplement, par une regrettable volonté de surenchère qui pousse chacun des deux parents à s'affronter ou à régler leurs comptes par enfants interposés. S'il se sent épié, s'il a le sentiment que chacune de ses paroles et de ses initiatives pourra être retenue contre lui ou interprétée en sa défaveur, le père n'a guère de chances d'être serein. Il risque de perdre son naturel et sa spontanéité. De refréner sa bonne humeur et sa décontraction. De garder enfouies en lui toutes ces qualités indispensables à une bonne relation avec ses enfants. Lesquels peuvent être tentés de mettre à profit ce manque d'harmonie entre leurs parents pour battre en brèche leur autorité. Après, le père célibataire aura du mal à regagner du terrain : sa légitimité risque de vaciller... Au contraire, s'il est conforté dans son statut et dans son rôle, il prendra ses décisions sans crainte de les voir remises en question. Il sera sûr de ses choix. Et son autorité se mettra en place naturellement, dans l'intérêt de tout le monde.

Autorité, complicité, même combat !

Pour le père célibataire, l'éducation des enfants se joue sur le long terme. Rien n'est acquis d'emblée. Il apprend au fur et à mesure. Il en va de même pour l'exercice de son autorité. Au fil du temps, il réussira à instaurer un équilibre entre celle-ci et son désir de complicité. Les deux vont de pair : plus le père sera proche de ses enfants, plus il saura s'affirmer tranquillement auprès d'eux. Ils finiront par intégrer la situation nouvelle et les nouveaux rapports qu'ils entretiennent avec lui. Rien ne sert de vouloir s'imposer trop vite. S'il le juge nécessaire, le père ne doit pas hésiter à leur expliquer ses décisions. À préciser les raisons qui l'amènent à leur opposer un « non ». Mais il doit aussi éviter de céder à la facilité d'une relation trop complaisante : il n'est pas là pour dire « amen » à chacun des caprices de ses enfants. Même s'il ne doit pas pour autant s'interdire de leur répondre « oui » plus souvent qu'avant : pour lui, c'est un moyen de les rassurer sur l'amour qu'il leur porte. Bref, tout cela est compliqué... Par moments, il ressemble à un équilibriste sur son fil. La bonne distance se trouve petit à petit. Question de temps et d'entraînement. Patience...

D'autant que le fait de les voir seulement de temps en temps risque d'entraver encore plus cet exercice de l'autorité. Le père ne se juge pas toujours légitime dans ce rôle. Après tout, a-t-il bien le droit d'imposer telle ou telle contrainte à un enfant qu'il n'élève pas au quotidien ? En théorie, oui. En pratique, cela peut être plus délicat. D'où l'importance de relations suivies et fréquentes. Et si le père partage des activités ou une passion avec ses enfants, c'est encore mieux : son autorité a toutes les chances de s'exercer le plus naturellement du monde. Mais l'important, ce n'est pas forcément de vivre ensemble au jour le jour. C'est la volonté ferme du père de tenir son rôle et d'être présent, fût-ce de façon symbolique. Il est recommandé d'assurer un contact régulier à travers le téléphone ou tout autre moyen de communication. Les enfants doivent « sentir » cette présence du père. Ils doivent être convaincus de son intérêt pour eux et de sa ferme volonté de suivre pas à pas leur éducation. De sa détermination à s'impliquer dans leur existence avec la même intensité et la même motivation que leur mère. Loin des yeux, peut-être. Mais loin du cœur, certainement pas...

6

À table !

Ah, c'est l'heure de passer à table ! Vous allez enfin donner libre cours à vos talents culinaires et à votre sens de l'organisation. Mais attention : le repas n'est pas seulement ce moment de partage et de convivialité où tout le monde se retrouve autour d'un bon plat. Il ne se contente pas de mobiliser votre capacité à renouveler vos menus et à veiller à ce que votre succulent feuilleté de poulet à l'armoricaine termine sa carrière au fond de l'estomac de votre petit dernier plutôt que dans la gamelle du chat. Il pose aussi de véritables questions qui sont autant de défis pour le père célibataire. Cette fois, c'est le cas de le dire : celui-ci n'est décidément pas sorti de l'auberge...

Les enjeux du repas

« Des enjeux ? Mais quels enjeux ? », se demande le père en fronçant les sourcils, tandis qu'il prépare à manger dans la joie (ou la douleur, c'est selon). Alors comme ça, le prochain dîner ne serait pas aussi anodin qu'il en a l'air ? Première nouvelle. Personne ne l'avait prévenu. Lui qui peine déjà à maîtriser les subtilités du four à chaleur tournante et à sortir de la dialectique infernale « pâtes ou steak haché ? » devrait, en plus, s'interroger sur la symbolique cachée du jambon-purée ? Eh oui, messieurs. Le repas cache des interrogations plus profondes. Il peut représenter un véritable enjeu de pouvoir et de compétence vis-à-vis de la mère. Le père s'inquiète : saura-t-il cuisiner aussi bien qu'elle ? Les enfants ne risquent-ils pas de comparer leurs mérites respectifs ? Ce duel à distance n'a-t-il pas toutes les chances de tourner à l'avantage de son ex-compagne, elle qui n'avait pas son pareil pour préparer un navarin d'agneau les yeux fermés tout en déclamant du Robuchon dans le texte ? Grandes angoisses. De son côté, la mère n'est pas en reste. Elle aussi s'interroge. Avant, elle assumait souvent le statut de grande prêtresse de la cuisine. Même si elle râlait de temps en temps en réclamant un partage des tâches un peu mieux équilibré. Elle décidait de l'alimentation du foyer. On la retrouvait à la conception et à la réalisation des menus. Son savoir-faire n'était pas discuté. Mieux : il était envié.

Aujourd'hui, elle se sent dépossédée de son rôle nourricier. La voilà obligée de partager. Et si c'était la porte ouverte à une remise en question de sa fonction maternelle ?

Pour le père, la situation ne s'arrange pas si les enfants renâclent à manger ce qu'il leur a préparé. Si la moindre entorse à leurs habitudes alimentaires prend des allures de bataille de Waterloo. S'il doit mener une lutte sans merci pour les faire venir à bout d'aliments auxquels ils n'avaient jamais goûté jusqu'alors. Car le bon déroulement du repas met en jeu son autorité. Le voilà obligé de batailler, de négocier et de tempêter. Tout ça à cause de beignets de fonds d'artichauts qu'il avait déposés sur la table en jubilant : non seulement c'était plutôt réussi mais, en plus, il se réjouissait à l'idée de leur faire découvrir un nouveau plat. Eh bien, c'est loupé. Et c'est embêtant, car l'alimentation ne se résume pas à une simple question de calories. Elle occupe une place importante dans l'éducation des enfants. Elle contribue à élargir leur horizon, à les ouvrir vers d'autres cultures et d'autres visions du monde. Le père se réjouit par avance à l'idée de les emmener en voyage sans leur faire quitter la table, par la grâce d'une simple recette de cuisine. S'ils rejettent tout ce qui sort de leur ordinaire et se contentent de la sempiternelle assiette de coquillettes, que devient sa mission éducative ? Décidément, cette histoire de nourriture n'est pas si simple qu'elle en a l'air. Mais avant d'en arriver à se poser toutes ces questions existentielles, le père célibataire doit se consacrer à une première mission : faire les courses. À vos Caddies®, prêts ? Partez !

Faites les courses, pas la course

Vous êtes plutôt quel genre, vous ? Petit commerçant ou grande surface ? Commerce de proximité ou hypermarché ? Petit saut de puce quotidien ou expédition bimensuelle ? Sac plastique discret ou coffre de voiture chargé à ras bord ? Aujourd'hui, le père célibataire a le choix. L'approvisionnement de la maison est une simple formalité. En plus, avec l'élargissement des horaires d'ouverture des magasins, il ne risque pas de se retrouver à courir comme un dératé en sortant de son travail, au risque d'attraper un point de côté parce qu'il lui faut à tout prix une plaquette de beurre. Il peut même pianoter sur son clavier d'ordinateur et passer commande sur Internet pendant que tout le monde dort. C'est dire si la tâche est facile. Le tout est de se montrer vigilant. De vérifier régulièrement l'état du frigo pour ne pas se laisser surprendre (rien de plus agaçant que de constater à 22 heures, alors que les enfants sont couchés, qu'ils devront se passer de lait le lendemain matin. Deux solutions : soit vous vous précipitez chez un voisin compréhensif, soit vous raclez les fonds de placard à la recherche de gâteaux oubliés et pas trop racornis. Dans un cas comme dans l'autre, bonne chance !). De planifier la prochaine journée de courses. Et de préparer avec soin la liste des produits, histoire de ne pas s'apercevoir, une fois les sacs vidés, que vous avez oublié la moitié des aliments dont vous aviez besoin. Pour ça, à chacun sa méthode. Les uns se reposent sur leur mémoire. D'autres sont des adeptes forcenés de la liste scotchée sur le chariot (l'inconvénient, c'est que ce petit bout de papier vous désigne illico comme le type qui fait les courses une fois tous les trente-six du mois. Pour un père célibataire en quête de respectabilité, c'est plutôt fâcheux). Certains préfèrent appliquer la technique dite du ratissage systématique. Assez primaire dans son principe, elle offre l'avantage de l'efficacité. Explication : elle consiste à passer en revue chacun des rayons, même le plus anodin, et à décrire un arc de cercle avec votre regard afin de ne pas laisser échapper la moindre étagère à votre vigilance. C'est seulement comme ça que vous découvrirez, cachée entre la boîte de paprika et les conserves de choux de Bruxelles, la salade au maïs qui fait le bonheur de votre fils et qu'il vous réclame en vain depuis trois semaines. D'accord, cette approche peut paraître fastidieuse. Mais au moins, vous n'oublierez rien.

Les chiens ne sont pas admis dans ce magasin (mais les enfants, si)

En vérité, l'opération « courses » ne risque de poser des problèmes au père célibataire que dans un seul cas : s'il se trouve obligé d'emmener ses enfants avec lui. Entendons-nous bien : il ne s'agit pas de laisser penser que leur présence à ses côtés constitue forcément une gêne. Mais disons-le tout net : ce n'est pas l'idéal. Ils ont tendance à ralentir son rythme et à faire baisser sa moyenne. Logique : ils n'ont pas les mêmes préoccupations que lui. Alors que le père célibataire, conscient de sa responsabilité historique et de la grandeur de sa mission, n'a d'yeux que pour les denrées de première nécessité, eux ne pensent qu'à s'amuser. Et ils ont tôt fait de se perdre, en plus. Ainsi, pendant que lui les cherche en vain du côté des yaourts aux fruits, ils restent plantés devant le rayon « Jouets ». Il a beau les appeler et s'angoisser de ne pas les trouver avant de sillonner en tous sens les rayonnages en poussant son chariot, rien à faire. Ils sont tranquillement assis par terre, en train d'essayer d'ouvrir des boîtes de petites voitures. Comme de bien entendu, c'est toujours le moment que choisit le responsable du rayon pour surgir sans crier gare et lui adresser un regard réprobateur. Le rouge de la honte lui monte au front tandis qu'il replace tant bien que mal les produits à leur place avant de tancer vertement ses garnements intenables. Ça fait toujours mauvais effet. Et nous ne parlerons même pas de l'attente aux caisses. Là, le calvaire menace le malheureux père. Surtout s'il est accompagné de plusieurs enfants en bas âge. Vous aussi, vous avez sûrement vécu cette expérience inoubliable. Tandis que l'un décide sans prévenir de retourner se balader dans les rayons, l'autre déploie toute la gamme de ses capacités vocales parce que vous avez refusé de lui offrir l'une de ces boîtes de friandises judicieusement placées à l'entrée des caisses. L'énervement vous envahit. La tentation de la gifle vous gagne (mais vous résistez, bien sûr). Les autres clients commencent à s'impatienter. Le chariot, lui, n'est toujours pas vidé et il vous faut repartir à la recherche du fugitif. Du calme. Zen. Après tout, c'est le week-end. Rien ne presse. Vous en avez vu d'autres. Il n'empêche : la prochaine fois, c'est sûr, vous ne les emmènerez plus avec vous. Au moins, vous avez déjà compris une chose : il est fortement conseillé de ne pas s'embarquer pour les « grosses courses » accompagné d'enfants déchaînés (pléonasme ?). Les emmener à la boulangerie ou faire avec eux la tournée des petits commerces de proximité, histoire d'en rapporter quelques produits en rupture de stock, d'accord. Comme ça, vous les présenterez aux commerçants de votre quartier. À leurs yeux, vous serez désormais « le monsieur qui s'occupe de ses enfants ». Sympathie et regards bienveillants garantis... Et vous en profiterez pour leur décrire le trajet suivi par les aliments avant d'atterrir dans leur assiette. Ils sauront ainsi d'où viennent les carottes et les haricots verts. Ils comprendront que le poisson pané n'est pas né... dans une boîte en carton, et que le bifteck a vécu sa vie avant de terminer sa carrière chez le boucher du coin. Ils feront plus facilement le lien entre ce qu'ils mangent et l'animal qui sert de base à leur alimentation. Mais se risquer à les trimbaler dans une grande surface reste une opération que l'on ne conseillera pas au père célibataire soucieux de conserver, et son calme, et sa dignité. Les veinards qui disposent de journées RTT ont tout intérêt à en profiter pour remplir leur frigo à l'approche du week-end. Et les autres ? Eh bien, s'ils peuvent les confier à un voisin ou à des copains, tout le monde y gagnera. Eux éviteront de s'énerver et d'oublier la moitié des denrées. Quant aux enfants, ils s'épargneront des moments de tension toujours pénibles, provoqués par l'énervement de leur papa en plein milieu du magasin.

Et pourtant, ils en raffolent. Pour eux, c'est une occasion de sortie à part entière. Une balade agréable, pleine de surprises et de découvertes. Surtout si vous leur achetez un jouet au passage. Ou si vous les laissez grimper sur le manège en forme de moto ou de voiture qui trône à l'entrée du magasin. Un père célibataire, décidé à « faire de chaque moment une fête », se souvient qu'il adorait ça quand il était petit. Aussi, maintenant qu'il a grandi, il ne manque jamais de payer un tour à ses enfants et de leur raconter une histoire pendant qu'ils chevauchent l'engin. Les mômes sont ravis : ils s'imaginent qu'ils partent en vacances à moto. Et voilà comment faire plaisir d'un rien... Un magasin, c'est vivant. On y croise des gens rigolos. On peut se cacher et se perdre dans les travées. Et même faire enrager papa, ce qui est toujours assez amusant. Ce n'est pas le Jardin d'acclimatation, d'accord, mais c'est tout de même chouette. Mais pour le père, franchement, quel intérêt ? Si une virée au supermarché ne se limite qu'aux galères énumérées ci-dessus, merci bien. Pourtant, les emmener en courses avec vous offre d'incontestables vertus pédagogiques. D'abord, c'est l'occasion de leur apprendre à choisir. De les amener à faire preuve de discernement, à ne pas tomber dans le piège de la publicité et du marketing. Bien sûr, ils jouent les « prescripteurs », pour reprendre un terme cher aux publicitaires. En français : ils ont une fâcheuse tendance à insister lourdement afin que vous leur achetiez ce dont ils ont envie. Et si vous les laissiez décider, ils auraient tôt fait de remplir votre frigo de produits « vus à la télé », pleins de couleurs vives et bourrés de colorants. Charmant programme... Ils sont comme ça : ils réclament ce qu'ils ont vu à la télévision ou ce que leurs copains possèdent déjà. C'est à vous d'éduquer leur goût et leur sens critique. À vous de leur faire comprendre qu'ils doivent se montrer vigilants. D'expliquer pourquoi vous ne choisissez pas telle marchandise mais telle autre. Et pourquoi ce que raconte la pub n'a parfois que de très lointains rapports avec la réalité. Autre avantage : c'est aussi le moment idéal pour leur demander leur avis sur ce qu'ils désirent manger. Ils seront contents d'être considérés comme des « grands » et d'être associés à la préparation du repas. Là encore, c'est un moyen de les responsabiliser. Comme ça, s'ils rechignent à finir leur assiette au moment du dîner, vous pourrez toujours leur dire, histoire de les placer face à leurs responsabilités : « Tu m'as demandé d'acheter ça, alors maintenant, tu le manges ! » Et toc ! Non mais...

À table ! (mais pas n'importe comment)

Mais revenons à l'heure « R » – comme repas. On l'a dit : c'est un moment important. Un rendez-vous chargé de symboles, où l'autorité et la compétence du père célibataire seront mises à rude épreuve. S'il veut que tout se passe bien, celui-ci a intérêt à faire respecter quelques principes de fonctionnement. N'exagérons rien : il ne s'agit pas d'édicter un règlement intérieur et de le placarder sur la porte de la cuisine. Mais de veiller à ce que personne ne confonde le dîner avec un joyeux pique-nique en forêt. Répétons-le : l'objectif consiste à (bien) les nourrir, certes, mais aussi à les éduquer. D'où les quelques règles que tout père célibataire se fera fort d'apprendre par cœur, tel un James Bond domestique mémorisant les moindres détails de sa prochaine mission.

« Avant l'heure, c'est pas l'heure. Après l'heure, c'est plus l'heure »

Sans aller jusqu'à devenir un obsédé de la pendule, autant leur donner l'habitude de passer à table tous les soirs à la même heure. Réglez votre pas sur le bulletin météo ou sur les infos à la télé, peu importe, mais respectez l'horaire que vous avez choisi. Vous saurez ainsi à tout moment où vous en êtes dans votre planning. Car n'oubliez pas que le dîner n'est qu'une étape sur la longue route qui mène au coucher (et à votre liberté pour le reste de la soirée). Après, il faut encore se brosser les dents, lire une histoire... Bref, autant se montrer le plus régulier possible. Cette constance permet de donner des repères familiers aux enfants. Pour eux, c'est rassurant. Le temps n'est pas extensible : sauf accident qui chamboule votre organisation, vous vous retrouvez assez rapidement en train d'effectuer les mêmes gestes à la même heure d'un soir à l'autre. Parfois, c'est un peu déprimant : vous avez l'impression de jouer les automates. Vous pourriez prétendre à remplacer l'horloge parlante : 18 h 45, sortie du bain... 19 heures, entrée dans la cuisine... 19 h 45, fin du repas, direction le brossage de dents... C'est un peu monotone. Mais au moins, vous gardez la haute main sur le déroulement des opérations. La soirée défile selon un rituel immuable que vous maîtrisez d'un bout à l'autre. Pour le père aussi, c'est rassurant...

« On dîne à table... » (enfin, normalement)

Que l'on soit bien d'accord : si vous avez acheté une table et des chaises, ce n'est pas seulement pour décorer l'appartement. C'est aussi pour les utiliser. Et quel meilleur moment que le dîner ou le déjeuner du week-end ? Les enfants n'ont rien contre, notez bien. Mais allez savoir pourquoi, ils préfèrent s'installer ailleurs qu'à table. C'est fou comme un repas assis sur le canapé devant un bon dessin animé prend tout de suite un air de fête pour eux. Mais ça, il n'en est pas question. Enfin, pas tous les soirs. De temps en temps, l'usage du canapé sera toutefois autorisé. À vous de fixer les règles. Par exemple, vous pouvez décréter qu'il sera toléré le samedi soir, avec une bonne pizza au jambon. Vous verrez, ce n'est pas désagréable : vous aurez l'impression de lever le pied et d'oublier le rythme quotidien. De vous offrir un petit moment de détente en leur compagnie. Une sorte de pause dans l'organisation bien rodée que vous avez mise sur pied. Mais montrez-vous ferme : cette tolérance doit être ex-cep-tio-nnel-le.

« ... et on reste assis ! »

Ce n'est pas tout de les avoir réunis autour de la table familiale. Maintenant, ils doivent se tenir assis. Ça, c'est une autre paire de manches. Comme ils n'ont pas la même perception du temps que les adultes, ils ont tôt fait de trouver le repas trop long. Ils ont tant de choses très importantes à faire dans leur chambre avant de se coucher qu'ils n'ont qu'une envie : se lever et vous planter là, entre les pâtes et le fromage. Charmants, ces petits. Mais qu'est-ce qu'ils s'imaginent ? Que vous vous êtes donné du mal dans la cuisine pour les voir s'égailler comme une volée de moineaux à peine le plat principal avalé ? Et puis quoi, encore ? « Il n'en est pas question ! », martelez-vous en prenant votre air le plus sévère. Mais c'est vrai, ils sont parfois durs à tenir. De votre côté, vous ne voulez pas perdre la face et céder... Trouvez un compromis : autorisez-les à se lever au moment d'aller chercher le fromage ou le dessert dans le frigo. Comme ça, ils auront le sentiment de gagner un peu de liberté tout en participant. Et ils vous déchargeront d'une partie (oh, une toute petite partie) du travail. Ils reviendront s'asseoir tranquillement avant de terminer de dîner et de filer se préparer (après avoir débarrassé la table, cela va de soi). Et tout le monde sera content. Elle n'est pas belle, la vie de père célibataire ?

« On mange tous ensemble »

Ça, c'est une règle absolue. Le repas pris en commun, c'est sacré. Le père célibataire qui voit ses enfants par à-coups ne doit pas laisser échapper la moindre occasion de passer du temps seul avec eux, en tête à tête. C'est un instant privilégié : il permet de raccorder des morceaux de vies éparpillées. De conforter des liens souvent distendus. Il contribue à façonner et à renforcer la nouvelle cellule parentale. L'objectif n'est pas de tenir de grands discours : il suffit de raconter sa journée ou sa semaine. De parler de la vie qui va. Ou même de ne rien dire, mais de se contenter d'être ensemble, tout simplement. Attentifs et disponibles les uns aux autres. Et quelle meilleure occasion qu'un dîner ou un déjeuner partagé ? Des moments comme celui-ci, il n'en existe pas tant que ça. Alors, ne les ratez pas...

Qu'est-ce qu'on mange, ce soir ?

Bien. Maintenant, passons aux choses sérieuses. C'est l'heure d'aller à table. D'abord, récapitulons : le frigo est plein. Le couvert est mis. Tout le monde s'est lavé les mains. Les enfants sont douchés et en pyjama. Ils sont assis. Vous avez pris soin de ne pas les installer l'un à côté de l'autre mais de vous asseoir au milieu d'eux, tel un juge de paix prêt à désamorcer les conflits toujours possibles. Ils attendent. Ils vous l'ont assez dit et répété : ils ont FAIM ! Ils veulent manger ! À vous de jouer. À vous de montrer l'étendue de votre savoir-faire culinaire. N'oubliez pas : le dîner doit être un moment de pur plaisir. Pas une corvée, mais une véritable petite fête. Déjà, pensez à poser sur la table tout ce dont vous aurez besoin. C'est agaçant de devoir se lever sans cesse pour aller chercher une cuillère, du pain, une serviette ou la bouteille d'eau. N'oubliez pas : le père célibataire est un homme prévoyant en toute circonstance !

Prévoyant, mais parfois un peu maladroit. Enfin, tout du moins au début de sa nouvelle carrière domestique. Comprenez-le : il apprend. Ce n'est pas si simple de tout faire à la fois. Préparer le repas et veiller à ce qu'il se déroule sans lancer de purée, prévenir les bagarres qui menacent, anticiper les accès de jalousie (« Pourquoi il en a eu plus que moi ? C'est pas juste ! ») et ne pas oublier de s'alimenter lui-même : tout ça représente beaucoup pour un seul homme. Forcément, il lui arrive de s'énerver et de perdre son calme légendaire. L'ambiance tient alors plus de l'arrière-salle de fast-food aux heures de pointe que du salon feutré d'un restaurant quatre étoiles. Dans les premiers temps, il se pose des questions. Par exemple, doit-il les servir dans la cuisine ou dîner dans la salle à manger ? La deuxième solution s'impose assez vite. Certes, elle exige plus de travail et d'organisation : emporter les plats, les rapporter, ne pas laisser les enfants seuls trop longtemps et se dépêcher de retourner dans la salle vérifier qu'elle ne s'est pas tranformée en champ de bataille... Elle offre en tout cas le mérite d'être nettement plus conviviale : au moins, tout le monde mange en même temps – opération délicate quand la cuisine est exiguë. Et il n'a pas le sentiment de jouer gratuitement les garçons de restaurant. Mais la principale question, bien sûr, concerne le menu. Concrètement, que va-t-il bien pouvoir préparer ce soir ? De deux choses l'une. Soit le père célibataire était déjà le champion du monde du canard à l'orange ou le Zinedine Zidane du poulet aux morilles. Dans ce cas, il peut passer directement au chapitre suivant. Soit il se plante devant son frigo avec l'air de Christophe Colomb découvrant l'Amérique, un livre de recettes dans la main gauche tandis qu'il se gratte la tête de la main droite. Là, évidemment, c'est plus embêtant. Mais détendez-vous : si c'est votre cas, vous êtes loin d'être le seul. Alors, pas de complexe : enfilez un tablier, plongez-vous dans un bouquin de recettes, munissez-vous des outils nécessaires et foncez ! Au début, c'est sûr, vous aurez tendance à préparer toujours plus ou moins la même chose. À vous reposer sur le bon vieux poisson pané (un classique indémodable) suivi le lendemain de l'assiette de tortellini – essayez, ils adorent ça, surtout s'ils peuvent picorer une ou deux pâtes crues dans le paquet avant de dîner. Et puis, vous vous risquerez à tenter de nouvelles recettes et à vous frotter à de nouveaux plats. Oh, rien d'extraordinaire sans doute, mais peu importe. L'essentiel est de dépasser ses limites. Et vous mesurerez à quel point vous aviez jusqu'alors négligé votre formidable potentiel de cuisinier amateur. Dans ce domaine comme dans bien d'autres, le père célibataire se révèle souvent. Lui qui se croyait inapte à l'art culinaire se découvre alors un véritable talent et une passion inattendue.

Qui a peur des surgelés ?

Surtout pas vous ! Votre premier réflexe de père célibataire néophyte : courir vous offrir un congélateur – si ce n'est déjà fait. Deuxième étape : un petit tour au rayon « Produits surgelés », où vous trouverez largement de quoi le remplir. Ensuite, ce sera un jeu d'enfant que de renouveler vos repas. Les jours de flemme, ou si le temps vous manque, optez pour les basiques. Les « frites de poulet », par exemple : succès assuré. Les jours de fête (ceux où vous disposez d'un peu plus de temps et où vous vous sentez l'âme d'un Bocuse en herbe), laissez-vous tenter par une préparation plus élaborée. En prenant soin toutefois de ne pas proposer à vos plus jeunes enfants des recettes trop compliquées, sous peine de vous attirer des mines de dégoût et de ruiner votre réputation naissante. Aujourd'hui, la gamme disponible offre une variété qui permet d'équilibrer les menus – c'est essentiel – et d'enchaîner allégrement viandes, légumes et poissons. Et l'on peut s'offrir des plats tout préparés qui donnent au repas un côté « familial » bienvenu : les enfants n'ont pas l'impression d'ingurgiter une nourriture sommaire préparée en deux temps, trois mouvements, mais bien d'authentiques recettes, riches et élaborées, que l'on déguste traditionnellement en famille. Du coup, votre cote de cuisinier a des chances de grimper en flèche. Ne cherchez surtout pas à jouer les modestes, du genre : « Oh, je n'y suis pour rien : remerciez plutôt Findus ou Picard. » Un jour, ils comprendront que votre science de la cuisine se limitait à choisir des produits aux noms alléchants dans les bacs de la grande surface du coin... Mais pour l'instant, en attendant qu'ils grandissent, laissez-vous aller à la satisfaction d'être considéré comme un surdoué. Vos mômes adorent, votre ego d'apprenti cuistot aussi : franchement, vous auriez tort de vous en priver...

Une baby-sitter est demandée en cuisine !

Et pourquoi pas ? Les baby-sitters ne sont pas là que pour vous permettre d'aller au cinéma... Rien ne vous empêche de faire appel à leurs services pour vous donner un coup de main pendant que vous officiez à la cuisine. C'est la solution adoptée par certains pères célibataires ingénieux. Si vous devez nourrir plusieurs bouches et si vous vous sentez débordé, c'est une bonne idée. Tandis que vous préparez l'assiette de l'un, elle donne à manger aux autres (important : n'oubliez pas d'alterner si vous ne voulez pas vous retrouver avec des crises de jalousie sur les bras...). Ou bien elle joue avec eux pendant que vous vous activez aux fourneaux. Vous pouvez vous reposer sur elle à raison d'une heure ou deux le soir – pour la fréquence, tout dépendra de votre budget, évidemment –, le temps de trouver votre rythme et de vous transformer en un super-pro des casseroles. Ce qui permet en outre d'habituer les enfants à sa présence et de vous assurer de son aptitude à bien s'occuper d'eux. Pratique, non ? Pensez-y...

Y a un truc...

Très vite, le père célibataire se constitue son petit vade-mecum de la cuisine réussie. Sa liste des astuces qui lui permettent de s'assurer un minimum de succès auprès de ses enfants. Ses trucs « perso », en un mot. Pour vous faire gagner du temps, profitez des observations de vos prédécesseurs. Tous ces malheureux ont dû apprendre à se dépatouiller tout seuls, comme des grands. Mais aujourd'hui, ils acceptent enfin de partager leurs petits secrets. Entre pères célibataires, il faut bien s'entraider...

- Au petit déjeuner, installez-vous tous ensemble : les enfants apprécient ces moments de complicité et de proximité où ils peuvent se régaler de céréales et de tartines avec leur papa.

- Proposez-leur de temps en temps un assortiment de mets servis en petites quantités sur un grand plateau : un peu de fromage, une pincée de pâtes, une poignée de légumes, un zeste de salade de maïs... Ils auront l'impression de dîner dans une cafétéria et de picorer au gré de leurs envies. Prenez soin de choisir des plats rapides et faciles à cuisiner, histoire de vous épargner une préparation laborieuse. Et n'hésitez pas à manger avec eux afin de participer à la fête...

• Débrouillez-vous pour imaginer une recette qui n'appartienne qu'à vous ! Peu importe laquelle : vos enfants seront rudement fiers de clamer que leur papa est le champion du monde de tel ou tel plat dont leurs copains n'ont jamais entendu parler – et pour cause. Vous le réussirez forcément à tous les coups, puisque c'est vous qui avez tout inventé, des proportions à la présentation. Et ils s'en souviendront encore dans plusieurs années, soyez-en persuadé ! Vous avez ainsi toutes les chances d'accéder à la postérité dans la saga familiale. Vous pouvez aussi reprendre à votre compte une recette que vous préparait votre maman ou votre grand-mère quand vous étiez petit. Pas besoin de donner dans la complexité : faites simple ! Tel père provoque l'enthousiasme autour de lui chaque fois qu'il sert sa fameuse omelette aux frites... Rien de mieux pour vous conférer une stature de quasi-magicien. Imparable !

• N'oubliez pas que les enfants aiment se raccrocher à leurs petits rituels... Pour eux, c'est le moyen de se sentir en sécurité. Le repas n'échappe pas à la règle. Aussi, prévoyez de leur proposer à intervalles réguliers leur recette favorite. Ils seront contents. Et vous, vous éviterez de vous casser la tête ce jour-là : vous n'aurez pas besoin de vous demander ce que vous allez bien pouvoir leur servir...

• Les enfants sont toujours curieux de savoir ce qui se mijote en cuisine : proposez-leur de participer ! Ils peuvent se consacrer à des tâches amusantes – laver ou éplucher les légumes, par exemple – pendant que vous vous concentrez sur les opérations plus délicates. Montrez-leur que la cuisine ressemble à la peinture : là aussi, un travail de préparation est indispensable. De même qu'ils doivent enfiler un tablier et étaler leurs couleurs avant de se mettre à dessiner, il faut préparer le repas avant de passer à table. Il ne suffit pas d'ouvrir la porte du frigo pour que leurs assiettes se remplissent comme par miracle...

• Et si vous décidiez de souffler ? Et si vos enfants prenaient le relais, retroussaient leurs manches et coiffaient la toque pour concocter un dessert ou un milk-shake le temps d'un samedi après-midi ? Jouer au petit Chef est franchement rigolo. Pourquoi ne pas s'attaquer à une recette tous ensemble ? Organisez des concours du meilleur gâteau afin de décider si les leurs sont meilleurs que les vôtres...

• Renseignez-vous : des cours de cuisine pour les « juniors » existent peut-être à côté de chez vous.

À défaut, rien de plus facile que de leur inculquer quelques rudiments piochés dans un livre de recettes.

• Attention aux préparations trop sophistiquées, surtout avec les plus jeunes. Les bonnes vieilles recettes ont fait leurs preuves depuis longtemps et constituent des valeurs sûres. On connaît un père célibataire qui s'était cru malin en servant des ailes de poulet mariné. Pendant la préparation du repas, il savourait à l'avance son succès. Résultat : le bide total. Trop épicé...

• Pensez à rendre le repas amusant. L'assiette de purée transformée en volcan fumant remporte toujours un franc succès, tout comme les steaks hachés en forme de cœur. C'est aussi une manière de les intéresser à ce qu'ils mangent : ce genre de « truc » peut se révéler utile s'ils ont tendance à caler dès la troisième bouchée...

• Vos enfants ont la fâcheuse habitude de ne pas terminer leur assiette ? Instaurez alors la règle suivante : à eux de décider librement des quantités, à condition de ne rien laisser. C'est un excellent moyen de les responsabiliser. En plus, ils risquent fort de se resservir. Alors qu'ils n'auraient probablement pas tout mangé si vous les aviez servis d'emblée dans des proportions équivalentes...

• Certains plats se mangent avec les doigts : autant ne pas s'en priver ! Pour les enfants, c'est une vraie jubilation – et pour les adultes aussi, d'ailleurs. N'hésitez pas à leur préparer des ailes de poulet bien grasses qu'ils se feront un plaisir d'agripper « sauvagement » avant de les dévorer à pleines dents. La seule difficulté consiste à bien leur faire comprendre que tous les plats ne se dégustent pas comme ça, et qu'il existe des règles de « bonne conduite » à respecter... Argumentez et expliquez !

• N'ayez pas peur de vous laisser séduire (avec modération, bien sûr) par les sirènes du marketing : rien de plus facile que de dénicher au supermarché une boîte de fromage en parts offrant des autocollants, des « magnets » ou des personnages de dessin animé en porte-clés. Et, comme toujours, prévoyez de tout prendre en double (voire en triple : tout dépend de la quantité d'enfants !) pour ne pas faire de jaloux...

• Évitez de vous retrouver pressé par le temps quand il s'agit de préparer le menu. Plutôt que de céder à la panique et de bricoler à la va-vite un plat fade et sans attrait, réfléchissez durant la semaine aux repas du week-end. Vous aurez ainsi toute latitude pour laisser libre cours à votre imagination... et vous munir de tous les ingrédients nécessaires ! Pour le dessert, vous pouvez laisser le choix aux enfants. Dites-vous que c'est aussi une manière de les faire participer...

• Vous êtes seul à la maison cette semaine ? Au moment de cuisiner pour votre usage personnel, n'hésitez pas à préparer quelques parts en plus. Vous les servirez en buffet froid à vos enfants au cours du week-end ou en pique-nique.

• Pour certains, la cuisine restera toujours aussi impénétrable que les maths ou l'informatique. Pas de panique : des éditeurs prévoyants (et malins) l'ont bien compris, et proposent des ouvrages de vulgarisation qui enseignent quelques règles de base en deux coups de cuillère à pot. Rien n'est perdu...

• Enfin, c'est tout bête mais essentiel : préparez-leur ce qu'ils aiment... tout en vous débrouillant pour les initier en douceur à de nouvelles recettes. Dites-vous que les enfants ont besoin de repères, et que la nourriture en est un. S'ils raffolent des tagliatelles ou de la purée, pourquoi les en priver ? Rien ne vous empêche de leur faire découvrir autre chose tout en continuant à leur servir leur plat préféré. Et ne vous angoissez pas pour les quantités : ne les forcez pas s'ils n'ont plus faim...

McDo ou pas McDo ?

Grave question... Grosso modo, le monde se partage en deux catégories irréductibles d'individus. D'un côté, les dogmatiques purs et dur : ils préféreraient mourir de faim plutôt que d'avaler un hamburger. De l'autre, les pragmatiques : eux se laissent à l'occasion tenter, convaincus qu'un morceau de viande coincé entre deux tranches de pain de mie reste un sandwich, quelle que soit son appellation. Mais tout n'est pas si simple. Un jour, les dogmatiques finissent par renoncer à leurs beaux principes. Les voilà qui basculent malgré eux dans le camp des pragmatiques. Comme les autres, ils se retrouvent à patienter dans une file d'attente, en train de se demander s'ils vont commander un hamburger nature ou au fromage et s'ils vont choisir une sauce barbecue ou un bon vieux ketchup. Décidément, tout fout le camp. La faute à qui ? À leurs enfants, évidemment. Car ils adorent ça. Et ils commencent jeunes, en plus.

Le père célibataire doit-il céder ? « Dire oui, c'est choisir la facilité ! », s'exclament certains, horrifiés et persuadés de vendre leur âme au diable. « Dire oui, c'est savoir faire plaisir ! », répondent les autres, plus conciliants. Alors quoi ? Quelle position adopter ? Soyons sérieux : avaler un hamburger de temps à autre n'a jamais fait de mal à quiconque. L'obésité ne menace pas vos enfants dès lors qu'ils se contentent de consommer avec modération. Et nul ne mettra en doute votre capacité à vous occuper sérieusement de votre marmaille parce que vous avez craqué pour un double chicken saupoudré de sauce aux herbes. Si c'est l'occasion de passer un bon moment avec eux, n'hésitez pas. Ils en sortiront tout contents. Et vous serez heureux de leur avoir fait plaisir, entre la dégustation de frites et l'ouverture du cadeau-surprise glissé au milieu des sandwiches et des boissons gazeuses. Après tout, c'est aussi une sortie. Un instant de détente et de récréation dans la routine quotidienne. À vous de fixer les limites et de leur faire comprendre qu'il n'est pas question d'y aller tous les jours. Vous pouvez très bien instituer une « journée du fast-food » et décider qu'elle reviendra une fois tous les quinze jours ou tous les mois, par exemple. Comme un rituel. Mais elle doit rester une exception : c'est justement ce caractère exceptionnel qui lui donnera tout son charme. Inutile de vous crisper sur une position intransigeante de refus : « C'est leur époque ! On ne peut pas aller contre son temps... », conclut, fataliste, un père célibataire.

Et rien ne vous interdit de les emmener de temps en temps dans un « vrai » restaurant, histoire d'élargir la palette de leurs goûts. De plus en plus d'établissements proposent des menus spécialement étudiés pour les plus jeunes. Le tout est de ne pas les obliger à rester trop longtemps à table, sous peine de rendre l'atmosphère invivable. De ce point de vue, la restauration rapide garde un très net avantage : comme son nom l'indique, le repas n'y dure jamais des heures. Et si vos enfants en ont vraiment marre, ils peuvent toujours aller s'amuser dans l'aire de jeux spécialement installée à leur intention...

7

Les délices du week-end

Youpi, youpi, c'est vendredi ! Cette journée, on peut dire que le père célibataire l'attend avec impatience. C'est sa récompense de la semaine. Son petit quatre heures à lui. Il s'en va au travail le cœur léger, prêt à endurer les états d'âme de son chef et les vilenies de ses collègues. Peu lui importe : il sait qu'à partir de ce soir il va passer deux jours entiers avec ses enfants rien que pour lui. Deux jours de bonheur, de détente et d'insouciance, loin des corvées domestiques habituelles – du moins le croit-il. Loin, aussi, de la solitude et de la monotonie de sa nouvelle vie sans eux. Ceux qui partagent la garde avec la mère s'apprêtent à les retrouver après quelques jours de séparation, bien décidés à renouer les fils d'une complicité en pointillé. Ceux qui s'en occupent à part entière se réjouissent à l'idée de lever le pied : ils vont, c'est certain, profiter pleinement de leur présence. Oublier les horaires, les listes de tâches fastidieuses et les aiguilles de la pendule qui, comme c'est bizarre, tournent toujours plus vite du lundi au vendredi. Cette fois, on va voir ce qu'on va voir ! Le père célibataire va enfin se révéler et montrer son vrai visage. Celui d'un type sensationnel, forcément : patient et disponible, joyeux et câlin, blagueur et complice, bienveillant et généreux. Le papa idéal, en somme. Celui qu'il n'est pas toujours le reste de la semaine, hélas, englué à son grand regret dans les filets de ses menus soucis quotidiens. Mais attention : le week-end ne ressemble pas toujours à une partie de campagne. Il n'épargne pas au père célibataire son lot de contrariétés. D'abord, les heures passent vite. Plus qu'on ne l'imagine – surtout quand il faut ramener les enfants chez leur mère le dimanche soir. Ensuite, il doit se démener pour les occuper, ce qui n'est pas toujours une mince affaire. Il arrive ainsi que le père célibataire se dise que non, à la réflexion, les heures ne défilent pas si vite que ça : il n'en est qu'au dimanche matin, et il a l'impression déprimante d'avoir déjà épuisé le programme qu'il avait préparé avec amour et imagination. En plus, il découvre qu'il est plutôt déconseillé de vouloir gaver ses enfants d'activités en tout genre. C'est la meilleure manière de les dégoûter à vie des musées ou de l'art contemporain, par exemple. Ce serait dommage, non ? Bref, il faut s'organiser sans en faire trop. Un véritable casse-tête. Et puis, il y a tout le reste : la pluie, la fatigue, les cris, les chamailleries, l'appartement trop petit et le magnétoscope en panne. Fichu week-end, tiens. Enfin, n'exagérons pas : ces deux jours restent tout de même un moment formidable...

Les joies de la famille rétrécie

Le week-end, c'est le moment tant attendu des retrouvailles. Le père et les enfants vont enfin rattraper le temps perdu, après une coupure plus ou moins longue et douloureuse. C'est encore mieux s'ils se retrouvent dès le vendredi soir : deux soirées et deux jours entiers à partager, voilà qui laisse de quoi réapprendre à vivre ensemble au quotidien. Car lorsque l'enfant rejoint son père après une séparation – même d'une durée limitée –, ils doivent tous les deux passer par une période d'adaptation. Une sorte de sas qui permet de faire la transition entre leurs vies respectives. Il leur faut se redécouvrir. Se plier aux petits défauts de l'autre, à ses grandes manies, à son organisation, à son rythme. Pas toujours facile. Surtout si l'on dispose de peu de temps et si l'occasion n'est pas si fréquente. D'où l'intérêt d'instaurer une relation suivie et régulière pour ne pas laisser se relâcher les liens patiemment tissés. Entre le bon vieux coup de téléphone (portable ou non, peu importe), l'échange de courriers électroniques et les photos envoyées par Internet, les outils ne manquent pas. N'attendez pas non plus de partir en vacances au bout du monde pour sacrifier au rituel de la carte postale. Un déplacement professionnel, une virée à la campagne ou tout simplement le coup de cœur pour une belle image : autant d'occasions de marquer votre présence grâce à quelques mots griffonnés et un timbre. Il n'y a pas de saison idéale ni besoin d'événement solennel pour faire plaisir... Comme ça, la reprise de la vie commune sera facilitée. Elle viendra s'inscrire dans une continuité harmonieuse. Les heures que vous ne passerez pas à vous réhabituer l'un à l'autre seront autant de gagné : vous pourrez partager d'emblée des fous rires, des passions et des activités qu'ils ne pratiquent pas avec leur maman. Rien de plus sympa qu'une partie de foot endiablée avec votre fils, une escapade en roller ou une randonnée photo à deux avec votre fille... Et surtout, ne vous sentez pas coupable de ne les voir qu'un week-end sur deux ou sur trois. Dites-vous que vous êtes entièrement disponible pour eux pendant ces deux journées. Sans doute bien plus que ne l'est un père « classique » qui voit ses enfants toute la semaine. Vous leur consacrez toute votre énergie et toute votre attention. Vous avez conscience de la fragilité de votre relation : alors, pas question pour vous de perdre une minute. D'une certaine manière, les week-ends avec vous comptent double. Et resteront comme autant de souvenirs forts et inoubliables quand ils seront devenus grands...

Deux jours, c'est court !

« Le temps n'attend personne », chantaient les Rolling Stones dans les années 1970. Et surtout pas le père célibataire. À peine commence-t-il à savourer son week-end que celui-ci est déjà terminé. Les témoignages des malheureux accablés par cette fuite des heures sont éloquents. « Quand je garde mes enfants, j'ai l'impression de ne faire que ça ! », s'exclame l'un. « Avec eux, on est toujours occupé ! », renchérit un autre. « Le plus dur, c'est le week-end : c'est vraiment une période très courte ! », se lamente un troisième. Bien vu, messieurs. Osons la métaphore : le samedi et le dimanche sont à la semaine ce que la cerise est au gâteau. Une friandise que l'on engloutit sans même s'en apercevoir. On le savoure rarement comme il le mérite. Et attention : là aussi, des noyaux peuvent se glisser. Donc, pas un instant à perdre. « Week-end en vue : fonçons ! », se disent certains d'entre eux, décidés à ne pas gaspiller une minute. Forts de ce constat d'urgence, ils se croient obligés d'aborder la conduite de ces deux journées comme un pilote de rallye négocie ses virages : pied au plancher et sur les chapeaux de roue. Ils n'ont pas leur pareil pour organiser au cours du même dimanche une visite au musée (« Tu verras, tu vas adorer ! », lâchent-ils à leur progéniture qui commence à rechigner), une séance de ciné (« En version originale, c'est bien plus enrichissant ! », assène le père célibataire en qui sommeille un instit' refoulé) et un détour par la bibliothèque de quartier (« Super, on y trouve les bouquins que je lisais quand j'avais ton âge ! On les regardera ensemble, tu vas être mort de rire ! », se croient-ils obligés de préciser à leurs mômes plus que perplexes). Dans ces conditions, pas étonnant qu'ils ne profitent guère de leurs enfants. À les entendre, c'est tout juste s'ils ne rendent pas ceux-ci responsables de la situation. Au motif qu'ils accaparent (presque) tout leur temps et ne leur laissent pas un instant de répit. Soyons sérieux : c'est plutôt un peu (et même beaucoup) leur faute. Leur agenda ressemble à ces galeries que certains automobilistes installent sur le toit de leur voiture avant de partir en vacances au pays. Il craque de partout, déborde de distractions en tout genre et se gonfle d'activités ludiques soi-disant in-con-tour-na-bles. En un mot, ils en font trop. Et, du coup, les enfants avec. Cette tentation d'étouffer ces derniers sous les activités à répétition et une organisation en béton est le péché mignon du père célibataire débutant. Sûrement un trop-plein d'angoisse qui remonte à la surface : comme si le seul moyen de tenir convenablement sa place imposait de ne pas leur laisser une seconde de répit. « Au moins, comme ça, ils ne s'ennuieront pas », se disent-ils pour se rassurer. Sous-entendu : avec MOI, ils ne s'ennuieront pas. Car on ne sait jamais : et s'ils allaient raconter à leur mère qu'ils se sont mortellement embêtés chez papa pendant deux jours ? Ça, surtout pas ! On a sa fierté, tout de même. Alors, on avance au pas de charge et sabre au clair. Les gamins accrochés à une main et le planning de la journée chiffonné dans l'autre. « La culture, nous voilà ! », semblent-ils prêts à s'exclamer. On dirait un touriste japonais lancé à la découverte de Paris en une demi-journée. Le père célibataire arrive au dimanche soir fourbu, mais avec le sentiment du devoir accompli : la mission week-end s'est parfaitement déroulée. Il n'a pas perdu une seconde. Félicitations, mon vieux. Et les enfants, dans tout ça ?

On se calme !

C'est vrai, quoi : et si l'on pensait un peu à eux ? Le week-end leur est aussi consacré, ne l'oublions pas. Il ne sert pas seulement à témoigner des capacités d'encadrement de leur papa. Malgré tous vos efforts, vous n'entrerez pas dans le *Livre des records*, à la rubrique « père le plus imaginatif au moment d'occuper ses mômes le dimanche ». Alors, autant lever le pied, non ? Rien ne sert de courir, il faut sortir à point. Tout est dans la qualité. Le choix judicieux. La sélection rigoureuse de ce qui convient le mieux à vos enfants. La recherche de la performance, très peu pour vous. Vous ne donnez pas dans l'élevage de poulets en batterie, que diable ! Donc, ne surchargez pas votre agenda. Laissez-les respirer (et laissez-VOUS respirer). Sinon, vous risquez fort de les épuiser. Ils sont déjà assez sollicités comme ça pendant leur semaine d'école : n'en rajoutez pas le samedi et le dimanche. Vous ne voulez tout de même pas qu'ils attaquent le lundi matin avec les yeux dans les chaussettes, non ? Sans même parler de l'effet déplorable auprès de leur mère (« Mais tu as vu dans quel état tu me les as mis ? »). Au début, ils trouvent ça plutôt marrant. Ils se disent qu'avec papa, décidément, il se passe toujours quelque chose. Mais au bout d'un moment, cela devient nettement moins drôle. Vous risquez de décupler leur capacité à râler et à rechigner. Ils disposent déjà d'une forte propension naturelle à traîner des pieds : nul besoin de les encourager dans cette voie... Tout ce que vous allez gagner, c'est de les voir se plonger dans une léthargie brutale quand vous leur annoncerez le signal de la sortie dominicale. Après, il sera difficile de les emmener quelque part. La moindre proposition de votre part déclenchera une vague soudaine de passivité (au mieux) ou de franche opposition (le plus souvent). Donc, ne brusquez pas les choses. Ne tombez pas dans le piège du père célibataire néophyte : prenez votre temps. Et ménagez le leur...

« Papa, on s'ennuie... — Continuez, les enfants ! »

Que faire, alors ? Oh, pas la révolution. Ne cherchez pas à réinventer le monde en deux malheureuses journées. Personne n'attend de vous des miracles. Vous n'avez pas envie de sortir aujourd'hui ? Eh bien, ne sortez pas. Restez à la maison. Vous verrez, les occasions de s'occuper ne manquent pas. Laissez-vous porter par votre humeur du jour. Vous n'avez toujours rien prévu, rien décidé, rien organisé pour demain ? Aucune importance. Comme le dit, philosophe, un père célibataire, « vient ce qui vient ! ». Tel autre choisit de ne jamais rien programmer le week-end : « Pour les activités, il y a les vacances ! » Pas faux : l'objectif n'est pas forcément de remplir des cases et de se démener en tous sens. L'important, c'est d'être ensemble. De bavarder, d'échanger vos points de vue sur tout et n'importe quoi, de rigoler. De resserrer les liens avec eux. Il y a parfois des temps morts ? Des plages de silence ? Des périodes de flottement ? Pas grave. Dites-vous que ces temps morts délassent le père célibataire presque aussi sûrement qu'une bonne sieste. Et lui permettent de recharger ses batteries en vue d'affronter la tempête domestique – cris, bagarres, disputes – qui, peut-être, se déchaînera sans prévenir au beau milieu d'un dimanche après-midi marqué jusque-là par le calme plat...

Si l'envie de mettre le nez dehors vous tenaille, arrangez-vous pour rester dans les limites du raisonnable : une sortie par jour, c'est bien suffisant. Tiens, pourquoi ne pas les emmener déguster un brunch ? Ou même en organiser un chez vous, histoire d'inviter leurs copains de classe et de les régaler avec une formule intermédiaire entre le déjeuner classique et le goûter ? Le brunch offre l'avantage d'être à la fois décontracté et convivial. Et la journée du dimanche se prête a merveille à ce genre de rendez-vous festif. Pour le père, c'est l'idéal : pas besoin d'être un cuisinier d'exception. Il suffit d'acheter des œufs, un peu de fromage, du pain, quelques boissons, et le tour est joué. Pour les enfants, il garde un petit air de fête et de liberté toujours apprécié. Tout comme le bon vieux pique-nique, d'ailleurs, que vous n'oublierez pas de pratiquer dès le retour des beaux jours. Il vous rappellera sans doute les dimanches de votre enfance : vous vous empresserez de les raconter à vos enfants. Vous profiterez du bon air tout en vous adonnant aux joies de la glacière, du pliant et du badminton – vous leur expliquerez que du temps de votre jeunesse, on disait plutôt « jouer au volant »... N'hésitez pas non plus à leur faire partager une expo de peinture ou un concert : une activité estampillée « adultes » peut très bien les enthousiasmer. Ils n'ont pas en tête ces clivages parfois artificiels entre ce qui serait réservé aux grands et ce qui est destiné aux plus jeunes. À condition de faire preuve de modération, bien sûr. Principal impératif : la durée. S'ils sont encore petits, ne les traînez pas à un spectacle d'une heure et demie en espérant qu'ils sauront rester calmes... Là, vous vous faites des illusions ! Ce n'est pas un hasard si les festivités qui leur sont destinées durent rarement plus d'une demi-heure. Au-delà, leur concentration s'évapore et leur intérêt s'émousse. Inutile de les accabler d'ennui et de gâcher votre plaisir... Ne vous interdisez pas non plus de leur faire visiter des monuments ou des bâtiments historiques, sous prétexte que vous avez peur de les voir s'ennuyer. À vous de présenter les lieux de telle manière qu'ils prennent une dimension ludique. Avec un peu de bonne volonté, le musée le plus sérieux du monde peut très facilement ressembler à un palais de princesse, un château enchanté ou un repaire de monstres... Utilisez tout ce qui peut stimuler leur imagination et les renvoyer à leurs contes préférés. Après, laissez-les se raconter des histoires. Il y a toutes les chances pour qu'ils conservent un souvenir marquant de leur visite... En tout cas, on l'a dit : n'en faites pas trop. Pour eux aussi, le week-end sert avant tout à se reposer. À oublier les soucis de la semaine écoulée. À reprendre des forces en vue de celle qui s'annonce. Et ne vous croyez pas obligé d'être le seul à décider : donnez-leur la possibilité de manifester leur préférence. De choisir eux-mêmes le programme et la destination du jour. C'est le meilleur moyen d'obtenir leur adhésion et de déclencher leur enthousiasme. Et, par la même occasion, de se prémunir contre leur force d'inertie (« J'ai pas envie... J'veux r'garder la télé... ») et leurs râleries (« C'est trop long... Quand est-ce qu'on rentre ? J'ai mal aux pieds... »). Quoique... C'est vrai que vous n'êtes jamais à l'abri d'un revirement soudain et d'un brusque changement d'avis. Il est parfois nécessaire de donner un petit coup de pouce et de les aider dans cette prise de décision. Mais l'essentiel reste qu'ils aient le sentiment d'avoir choisi eux-mêmes, comme des grands. Peut-être en profiterez-vous d'ailleurs pour découvrir des idées nouvelles auxquelles vous n'aviez jamais songé jusquà présent. En tout cas, ne les forcez pas. S'ils ont envie de s'allonger sur leur lit pour lire le dernier Harry Potter ou classer leurs cartes Pokemon, pourquoi pas ? L'essentiel est de ne pas « fabriquer » artificiellement des activités qui ne font plaisir à personne et pourrissent l'ambiance à coup sûr.

Et surtout, n'ayez pas peur qu'ils s'ennuient. C'est bien une angoisse de père célibataire, ça... Au contraire, réjouissez-vous de les voir tourner en rond dans la maison. L'ennui offre de réelles vertus : il ouvre grande la porte à l'imagination et à la rêverie. N'allez pas y voir la sanction de votre incapacité à savoir les distraire, mais plutôt la possibilité d'enrichir leur vie intérieure. Pour vous, cela sera l'occasion de souffler un peu. Et les cassettes vidéo ? Très bien, les cassettes vidéo ! Ne vous sentez pas coupable de les voir assis devant la télé. Si vous êtes vraiment réticent vis-à-vis du petit écran, dites-vous que cela vaut mieux que de l'allumer sans trop connaître le contenu des programmes. Au moins, avec une cassette, vous savez ce qu'ils regardent. Vous maîtrisez les images. En plus, ils se constituent une réelle culture personnelle – bien qu'ils soient des milliers à dévorer les mêmes dessins animés... Et dans quelques années, ils garderont un souvenir émerveillé de *Kirikou* ou de *Toy Story*. Vous pouvez aussi en profiter pour les initier aux joies de vos classiques favoris. Là, vous êtes sûr de leur ouvrir les portes d'un univers inconnu. Vous trouverez facilement des films qui procurent un égal bonheur aux petits et aux grands : vous délecter en leur compagnie d'un Charlot oublié ou d'un bon vieux Marx Brothers sera un vrai plaisir. Et un jour, vous évoquerez avec nostalgie les moments partagés pendant leur enfance, tous ensemble assis sur le canapé... Ça vaut la peine, non ? Et puis, les cassettes n'ont pas que des avantages éducatifs. Avouons-le : parfois, c'est tout de même bien pratique. Que celui qui n'en a jamais profité pour préparer tranquillement le repas, donner à manger au chat, au chien ou au poisson sans être dérangé, effectuer un peu de rangement ou s'octroyer un petite pause bienvenue nous jette le premier DVD... Un bon dessin animé permet à toute la maisonnée de décompresser. Les enfants en oublient de se chamailler (sauf quand l'un en a marre et veut changer de programme). Vous, vous savourez ces quelques minutes d'un calme retrouvé. Le seul inconvénient, c'est qu'ils connaissent l'histoire par cœur : ils en profitent pour négocier dès que vous leur demandez d'éteindre le poste. « Attends (air suppliant), je regarde juste le moment où Baloo se met à danser ! » « Bon, d'accord... », lâche le père célibataire dans un élan de générosité (erreur, là ! Vite, reportez-vous au chapitre consacré à l'autorité). « Et ça dure longtemps ? », demande-t-il. « Non, deux minutes... » Méfiez-vous : en général, cela dure effectivement longtemps. Beaucoup plus longtemps... Alors, le matin, au moment du petit déjeuner, remplacez plutôt les cassettes par les dessins animés diffusés à la télé : au moins, les programmes sont plus courts...

C'est la fête à la grenouille, mais pas au père célibataire

Attention : le week-end peut être parfois difficile. S'il pleut des cordes, par exemple. Ou si le père vit dans un petit appartement où l'espace vital est en option (ce qui est souvent le cas après une séparation). Ou si les deux se cumulent : alors là, c'est l'apothéose. Vous voilà obligé d'attendre que la pluie cesse en vous cognant aux murs de votre trente mètres carrés. Les jouets traînent dans tous les coins. Les enfants hurlent comme des sauvages. Ils n'ont même pas envie de se planter devant la télé. Votre calme légendaire s'effiloche au fil des heures. Bref, c'est la joie. Qui a dit que ces deux jours de repos permettaient à l'honnête travailleur de se détendre ? Mais comme vous êtes quelqu'un de responsable, vous refusez de vous enfermer dans votre chambre pour vous mettre à l'abri des cris, fondre en larmes et oublier à quel point l'existence du père célibataire est ingrate. Vous assumez jusqu'au bout en maudissant la météo et le monde entier. Patience : ça ne va pas durer. Un week-end ne comporte que deux jours. Pourquoi ne pas en profiter pour leur faire réviser leurs leçons ? Ou pour leur demander de ranger leur chambre (pour plus de précisions à ce sujet, relisez encore une fois le paragraphe sur l'autorité) ? En tout cas, ne renoncez pas. D'autres sont passés par là. Ils peuvent témoigner : ils ont survécu. Un jour, vous aussi, vous pourrez raconter avec émotion vos souvenirs d'ancien père célibataire. Courage, les gars !

8

« Dis, tu m'achètes quelque chose ? »

Et si l'on parlait d'argent ? Oh, soyez tranquille : pas question d'aborder dans ces pages des sujets qui fâchent – comme la pension alimentaire, par exemple. C'est important, mais ce n'est pas le thème de ce livre. Ici, il sera question des achats. Non, pas des vulgaires courses destinées à remplir le frigo, mais de ce moment délicieux où vous vous laissez traîner dans les boutiques à la mode pour en sortir les bras chargés de vêtements ou de jouets dernier cri... Bon, d'accord, c'est compris : avec vous, les choses ne se passent pas du tout comme ça. Chez vous, « acheter » ne rime pas avec « futilité ». Vous n'êtes pas de ceux qui cèdent au premier caprice venu. Vous vous limitez au strict nécessaire. Vous êtes sérieux et responsable, qu'on se le dise. Bravo ! Pourtant, le saviez-vous ? Les achats ne sont pas forcément une corvée. Ils ne sont pas seulement une contrainte. Ils peuvent aussi être une source de réel plaisir. Encore mieux : ils font partie intégrante de votre travail d'éducation. Incroyable, mais vrai.

Décidément, voilà qui mérite plus ample explication...

Père célibataire, oui. Oncle d'Amérique, non !

Tous les pères célibataires vous le confirmeront : se livrer au rituel de l'achat pour le compte de sa progéniture procure une réelle satisfaction. On ne s'en lasse pas. « C'est réparateur », affirme même l'un d'eux. Dépenser de l'argent agit à la manière d'un euphorisant. En ouvrant son porte-monnaie, le père célibataire laisse s'envoler les soucis et les contrariétés du quotidien. Pour un peu, il en oublierait presque les difficultés nées de sa situation personnelle. Si l'on voulait donner dans la métaphore cycliste, on pourrait dire qu'un achat agit souvent à la manière d'une rustine. Un petit trou malencontreux dans un pneu ? Une rustine, et hop ! Voilà le cycliste en selle reparti à l'assaut du bitume. Eh bien, dans le cas du père célibataire, c'est la même chose : un petit détour par le magasin du coin, histoire de dénicher une bricole, et hop ! Notre homme est regonflé pour la journée. N'allez pas voir là le signe d'une prodigalité excessive ou d'une tendance coupable à la compulsion. Le père célibataire n'a rien d'un panier percé irresponsable ou d'un névrosé persuadé que l'amour de ses enfants est proportionnel à l'ampleur de son découvert bancaire. Plus simplement, il ressent une joie bien naturelle à l'idée de contribuer à leur bien-être. De se dire que grâce à lui, ils ne manqueront de rien. Il se rassure sur l'importance de son rôle de père et sur la grandeur de sa fonction. Il se persuade de sa capacité à mener à bien sa mission. Voilà qui se révèle on ne peut plus gratifiant pour son ego, cette pauvre petite chose trop souvent malmenée.

Et il n'est même pas nécessaire de donner dans le petit (ou gros) cadeau pour éprouver ce bonheur tout simple. De ce point de vue, l'utilitaire a ses vertus. Rentrez chez vous avec un objet pratique pour leur chambre, une boîte de crayons de couleur, une nouvelle paire de chaussettes à fleurs ou une pile de rechange pour l'avion télécommandé : vous verrez, cela suffit bien souvent à déclencher des regards mouillés de joie. Pensez aussi à les abonner à un magazine : c'est un excellent moyen de renforcer les liens qui vous unissent. À plus forte raison si vous vivez éloignés les uns des autres. Comme ça, chaque fois qu'ils le trouveront dans la boîte aux lettres, ils se rapprocheront un peu plus de vous. Si leurs visites sont régulières, l'abonnement peut aussi arriver directement à votre domicile : le plaisir de venir chez vous se doublera du rendez-vous régulier avec leur journal favori. L'essentiel, c'est d'apporter une satisfaction à leurs besoins. De montrer que vous êtes prêt à répondre à leurs attentes. Que vous savez trouver les solutions qu'ils appelaient de leurs vœux. C'est la meilleure manière de faire plaisir à tout le monde – à eux, bien sûr, et donc à vous par la même occasion. Inutile de partir en quête d'un objet d'exception : souvent, une babiole suffit. Souvenez-vous de leurs premiers Noëls, quand ils préféraient jouer avec le papier d'emballage plutôt qu'avec le cadeau lui-même. À l'époque, cela vous agaçait. Pourtant, quelques années plus tard, ils n'ont (presque) pas changé : ils possèdent toujours cette étonnante capacité à se réjouir d'un rien. Au moins, profitez-en jusqu'à l'adolescence. À cet âge-là, il en faudra plus pour s'attirer leurs bonnes grâces...

Maintenant, rien ne vous empêche de les gratifier d'un cadeau de temps en temps. Nous avons bien dit : de temps en temps. Le père célibataire veillera à ne pas ressembler à une espèce d'oncle d'Amérique ou à un Père Noël en costume de ville. Il ne doit pas donner l'impression de s'en revenir d'un pays de cocagne chaque fois qu'il les retrouve. De la mesure et de la dignité, bon sang ! Pour conserver tout leur prix et toute leur saveur, vos petits présents ne tomberont jamais dans le piège de la routine. Ils ne sont pas un dû. Pour la périodicité, c'est à vous de voir. Certains s'en tiennent rigoureusement à une date fixe – à Noël et à l'anniversaire, en gros. C'est gentil, mais tout de même un peu limité. En cherchant bien, vous trouverez sûrement d'autres occasions de leur offrir une surprise. À chacun de décider. On évitera simplement le cadeau-récompense destiné à fêter une bonne note à l'école. Outre qu'il risque de se révéler vite impraticable en cas de bons résultats réguliers, il existe d'autres moyens de les motiver et de leur faire comprendre qu'ils ont intérêt à bien travailler en classe. Bon, cela dit, sachez relativiser. Inutile de culpabiliser sous prétexte que vous vous trouvez un peu « papa gâteau ». Comme le fait remarquer un père du haut de sa longue expérience, « un enfant ne sera pas malheureux parce qu'il reçoit beaucoup de cadeaux, mais si les cadeaux remplacent les sentiments ». À méditer...

Tu seras un homme, mon fils (et pas seulement un consommateur)

Emmener vos enfants avec vous lorsqu'il s'agit de se livrer à certaines dépenses offre aussi un intérêt pratique non négligeable : cela vous permet de continuer votre lent et patient travail d'éducation. Car derrière ce geste anodin consistant à signer un chèque, taper un code de carte bleue ou extirper des euros d'un porte-monnaie se cache tout un monde qu'ils ne vont pas tarder à explorer : celui de l'argent et de l'économie. Nous dirions même plus : celui de la publicité et du marketing, ces fléaux modernes qui s'abattent au coin de chaque tête de gondole sur le pauvre crâne du père célibataire innocent. Bref, la vraie vie de tous les jours. Pas d'inquiétude : personne ne vous demandera de jouer les prix Nobel et d'expliquer la théorie de l'inflation devant le rayon des fruits et légumes. Mais puisque vous voilà au cœur de l'économie moderne rien qu'en poussant un vulgaire chariot de supermarché, autant en profiter pour leur apprendre comment ça marche. Expliquez-leur pourquoi vous choisissez tel produit plutôt que tel autre. Pourquoi vous refusez d'acheter le dernier jouet à la mode vanté par la publicité à la télé. Pourquoi ils n'auront pas le dernier gadget *hyper-tendance* que leur copain Tartempion s'est fait offrir, lui, par des parents *trop cool* (en langage jeune dans le texte). Et à quel point vous le regrettez, mais désolé, c'est comme ça. Parlez-leur prix, qualité, choix, budget. Soyez didactique, clair, simple et abordable. Soyez ferme, surtout ! Tenez bon jusqu'au bout. Transformez votre supermarché habituel en miniforum antimondialisation s'il le faut, mais montrez-leur que vous n'êtes pas du genre à vous laisser embobiner par les discours marchands. Embrayez sur les vraies valeurs de la vie : d'économiste spontané, changez-vous en philosophe improvisé. Apprenez-leur à choisir en individus raisonnables et responsables plutôt qu'à se laisser réduire à de simples consommateurs dépouillés de tout sens critique. Geste à l'appui et produit en main, mettez-les en garde contre les dangers sournois du packaging, du marketing et de tout ce qui porte un nom en « ing ». Tout en parcourant les rayons du magasin, appuyez-vous sur des exemples précis et concrets. Faites-leur toucher du doigt la réalité économique d'aujourd'hui (à condition qu'ils reposent les marchandises là où ils les ont prises et sans les faire tomber, cela va sans dire). S'ils vous écoutent religieusement sans rien dire, c'est gagné. Dépêchez-vous alors de payer et de quitter le magasin : la nature humaine est faible, et même vos enfants ne sont pas à l'abri de la tentation (« Surtout pas mes enfants ! », soupireront certains d'entre vous). Mais s'ils vous écoutent tout aussi religieusement avant de vous demander de leur acheter *quand même* quelque chose, alors là, c'est perdu. Tout s'écroule. Vous vous sentez soudain envahi par une grande lassitude. Vous éprouvez l'impression agaçante d'avoir prêché dans le désert. Soyons honnête : au début, c'est souvent perdu. Il faut du temps pour leur inculquer tous ces saints principes consuméristes. Mais ça viendra, rassurez-vous...

Des vertus de l'aïkido appliquées aux courses en supermarché

En attendant ce jour glorieux, certains ont recours à une parade paraît-il infaillible, dénichée dans de savants bouquins de psychanalyse. Plutôt que de dire « non ! », de se braquer et de camper sur leurs positions, ils affrontent courageusement l'adversaire. Lequel est ici, rappelons-le, un innocent (enfin, en apparence) mouflet qu'ils traînent depuis une demi-heure au supermarché, qui commence à s'impatienter et à répéter en boucle : « Dis, tu m'achètes quelque chose ? » Au lieu de chercher maladroitement à éviter les zones dangereuses – au hasard, le rayon « Jouets » –, ils n'hésitent pas à s'y diriger avec une sérénité que certains jugeront suicidaire. Une fois arrivés à l'endroit fatidique, ils font appel à leurs vieux souvenirs d'aïkido : ils plient tel le roseau avant de retourner la force de l'adversaire contre lui. Autrement dit, ces pères avertis laissent leurs enfants parler jusqu'à plus soif de tous ces merveilleux objets qui s'offrent à leur regard. Mieux, ils les encouragent. Ils les incitent à mobiliser toutes les ressources de leur imaginaire. À raconter tout ce qu'ils feraient d'extraordinaire s'ils avaient la chance de les avoir à la maison. Ils les embarquent dans un monde idéal peuplé de petites voitures, d'animaux, de poupées et de gadgets électroniques. Ils manipulent les jouets avec eux, les décrochent des rayonnages – calmez-vous : nul besoin d'aller jusqu'à ouvrir les emballages, tout de même ! – et les mettent en scène au gré de leur imagination. Résultat ? « Ça fait passer l'envie ! », constatent ces pères célibataires malins comme des singes. Rassasiés par cette bonne tranche de rêve qu'ils viennent de s'offrir, les enfants n'insistent même pas quand leur père leur dit qu'il n'achètera rien aujourd'hui. Ils ont le sentiment d'avoir été entendus et ne se sentent pas frustrés. Ouf : le drame est évité. La tension est retombée. Les courses peuvent continuer dans la joie et la sérénité...

Argent trop cher

S'il est à bout d'arguments, le père célibataire ne doit surtout pas s'empêcher de parler gros sous. Là encore, il ne craindra pas de jouer les philosophes et d'expliquer que l'argent ne fait pas le bonheur (même s'il y contribue dans une certaine proportion, comme chacun sait. Mais ça, les enfants finiront bien par le découvrir tout seuls : ne brûlons pas les étapes). De même, qu'il n'hésite pas à leur dire qu'il ne roule pas sur l'or ces temps-ci. Ils sont tout à fait capables de modeler leur comportement et leurs désirs en fonction de sa situation personnelle. Ils accepteront de se montrer moins exigeants et de faire une croix sur certaines de leurs envies. Et peut-être même d'éviter les caprices (on peut toujours rêver, non ?). Pas question pour le père de renoncer aux cadeaux pour autant. Simplement, rien ne l'oblige à faire des folies. Qu'il se rassure : ils n'accordent aucune importance au prix des choses. Ça, c'est typiquement un fantasme de parents. Une obsession d'adulte persuadé que plus un objet est cher, plus le cadeau est précieux. À vrai dire, ce genre de considération leur passe au-dessus de la tête. Ils ne regardent pas les étiquettes, et la différence entre « cher » et « pas cher » n'entre pas vraiment dans leurs préoccupations. Vous n'avez donc aucune excuse : même si vos revenus accusent un léger coup de fatigue, vous devriez pouvoir trouver de quoi leur faire plaisir sans être convoqué par une commission de surendettement. Maintenant, si vous ne concevez pas de vous déplacer ailleurs que dans les grands magasins et si les produits de marque sont les seuls à trouver grâce à vos yeux, vous êtes mal parti. Soyez astucieux ! Promenez-vous dans les brocantes ou, encore mieux, écumez les vide-greniers. C'est fou, le nombre de bonnes affaires qui vous tendent les bras. Vous serez étonné de dénicher, à côté d'une pile de vieux 45 tours essoufflés, des poupées Barbie encore bien conservées à deux euros, des CD-Rom quasineufs ou des Polly Pocket qui n'attendaient que votre venue pour retrouver goût à la vie. Que vous refusiez de vous procurer une paire de chaussures d'occasion par crainte des mycoses ou par peur de déformer les pieds de vos chers petits, d'accord. Mais il serait dommage de passer à côté de tous ces jouets encore verts et en attente d'une seconde carrière... Pensez aussi aux ludothèques : plutôt que de leur acheter des jouets dont ils risquent de se lasser en un temps record, empruntez-les ! Ce qui leur permettra d'en découvrir de nouveaux, et vous épargnera la sensation déprimante de les voir s'empiler dans un coin de leur chambre sans que personne s'amuse avec... Un minimum de débrouillardise et de curiosité devrait vous permettre de vous en sortir. Car dans ce domaine comme dans bien d'autres, le père célibataire ne peut compter que sur lui-même. En matière de « bons plans », force est de reconnaître que les hommes partent avec quelques bonnes longueurs de retard sur les femmes : elles n'ont pas leur pareil pour dégoter les bonnes adresses et se refiler les bons tuyaux. Ces dames sont les championnes des réseaux d'information. Hélas, elles n'ont pas toujours le réflexe de nous en faire profiter...

« Ça vient d'où, ce nouveau jouet ?
— Ben, de chez mamie... »

Heureusement, l'entourage est là. Et tout particulièrement les grands-parents. Les cadeaux. Ils adorent ça. C'est une sorte de seconde nature. Avec eux, c'est Noël tous les jours, ou presque. À la limite, vous auriez plutôt tendance à les freiner dans leurs pulsions d'achat. Prenez vos propres parents, par exemple : vous avez beau fouiller dans votre mémoire, vous n'avez pas le souvenir qu'ils se soient montrés aussi prodigues durant votre jeunesse. Bien sûr, vous n'étiez pas malheureux. Vous aviez droit à un Noël et à des anniversaires plutôt riches en surprises. Mais enfin, cela restait du domaine du raisonnable. D'ailleurs, si vous vous montrez aussi mesuré aujourd'hui (enfin, ça, c'est vous qui le dites) et si vous ne cédez pas aux attraits de la consommation à outrance (ce n'est pas votre genre, c'est bien connu), c'est justement parce que vous n'avez pas été pourri-gâté quand vous étiez tout petit. Il ne faudra pas s'étonner si vos mômes deviennent capricieux et insolents en grandissant.

Au moins, ce ne sera pas votre faute, ça non... Bon, ça va bien : arrêtez de râler ! Dites-vous que le même scénario se répète chez la grande majorité des pères célibataires. Autant s'en réjouir, après tout. D'abord, vous n'allez tout de même pas vous plaindre parce que vos enfants reçoivent des cadeaux. Ensuite, avouez-le : c'est parfois bien pratique. Car votre budget ne vous permet pas d'être présent sur tous les fronts. Pourquoi ne pas « déléguer » certains achats aux grands-parents ? Dites-vous qu'ils n'attendent que ça... Si vous avez besoin d'être rassuré, posez la question à d'autres pères : ils vous répondront la même chose. Eux aussi sont très contents quand leurs enfants découvrent dans le sapin ce super-garage électronique à double entrée automatisée qu'ils n'auraient jamais pu leur acheter. Leur devise : « Les petits en profitent, tant mieux ! » Comme ça, tout le monde y trouve son compte. Les mômes sont heureux et les grands-parents au moins autant – sinon plus. Vous verrez : vous aussi, le jour où vous serez grand-père, vous oublierez tous vos beaux discours d'aujourd'hui pour gâter vos futurs petits-enfants. Nous en reparlerons à ce moment-là...

La guerre des fringues n'aura pas lieu

Parfois, c'est vrai, le père a d'excellentes raisons de s'agacer et de mettre le holà. Il arrive que les grands-parents aient tendance à vouloir prendre la direction des opérations. À décider de ce qui convient ou non à leurs petits-enfants. C'est ennuyeux. Le cas classique : l'achat de vêtements. Trop souvent, le père célibataire traîne une mauvaise réputation à ce sujet. Que lui reproche-t-on, au juste ? Tout simplement de n'y connaître rien. De montrer autant de talent à les choisir qu'à tresser des nattes à sa fille. De se trouver dans un magasin d'habillement comme une poule devant un couteau : l'air perplexe et la mine vaguement ahurie. Du coup, ils sont tentés d'habiller ses rejetons à sa place. Forcément, ça énerve un peu. Car les différences de génération se doublent fatalement d'une différence de goût. Là, le père célibataire se souvient de ses années d'adolescence, quand il se heurtait à la vision étriquée de ses parents face à ses vestes à franges (ça, c'était dans les années 1970), ses tee-shirts lacérés (ah, les glorieuses années *punk* !) ou ses blue-jeans troués (souvenir des *grunge* des années 1990). Allons bon, voilà que ça recommence ! Mais cette fois, pas question de se laisser faire... Il se jure de tenir bon. De ne pas se laisser imposer des modes qui l'agacent ni des coloris carrément fadasses. Le problème, là encore, c'est le budget. D'un côté, il aimerait bien conserver la haute main sur le choix des habits. De l'autre, il est parfois difficile de refuser un coup de pouce au moment de changer d'anorak pour l'hiver ou d'acquérir une nouvelle paire de bottes (là, ouvrons une parenthèse à propos du coût exorbitant des chaussures d'enfants : voilà qui a le don de le plonger dans des abîmes de perplexité. Heureusement, certaines chaînes de magasins de vêtements à prix « sympas » ont eu la judicieuse idée de se diversifier : elles se sont mises à vendre des chaussures à des prix abordables. Au nom de tous les pères célibataires, qu'elles en soient ici remerciées). Pas si simple, là non plus. Surtout s'il n'est pas du genre contrariant et s'il est plutôt d'un naturel ouvert aux expériences différentes – y compris vestimentaires. Après tout, il peut très bien ne voir aucun inconvénient à ce que ses enfants changent de style au fil des jours de la semaine et au gré de leurs séjours chez leurs grands-parents. Mais il doit toutefois veiller à ne pas se laisser déposséder de ses prérogatives, sans pour autant entrer en situation de conflit. Ce serait dommageable pour tout le monde. Un père célibataire se montrait ainsi agacé de constater que les parents de son ex-femme couvraient son fils adolescent de cadeaux : « À 16 ans, il aura à coup sûr sa moto 125 ! ». La perspective ne l'enchantait guère : il éprouvait la fâcheuse impression qu'ils « achetaient » son garçon. D'ailleurs, celui-ci avait fini par ne plus vouloir venir au supermarché avec lui. Motif déclaré : il ne lui offrait jamais rien. À la différence de ses grands-parents, toujours prêts à se montrer généreux, eux ! L'exercice est délicat : rester maître de ses goûts et de ses choix personnels tout en se montrant assez souple pour ne froisser personne demande un subtil mélange de tact et de fermeté...

Le père contre la mère : un match vraiment nul

Et avec la maman ? Là aussi, autant s'efforcer de ne pas transformer un acte du quotidien *a priori* anodin en une source de disputes et de rivalité. Pourtant, il arrive malheureusement qu'une compétition naisse et dresse l'un contre l'autre les deux parents. Tout comme les repas révèlent des enjeux de compétence et de pouvoir, les achats peuvent se transformer en un terrain d'affrontement sournois. Ils donnent lieu parfois à des batailles rangées indignes d'adultes soi-disant responsables. « C'est MOI qui leur ai offert ça ! », s'exclame l'un comme s'il protégeait son territoire. « Peut-être, mais ça c'est à MOI parce que c'est MOI qui ai payé ! », répond l'autre, acharné à défendre son bout de gras comme si sa vie et son honneur en dépendaient. Arrêtez, là : on dirait vraiment des mômes se bagarrant dans une cour d'école... N'importe quoi fera l'affaire et servira de prétexte à mettre le feu aux poudres. L'un s'agacera d'acheter régulièrement des vêtements neufs à son fils et de le voir revenir à la maison vêtu de vieilles frusques. L'autre s'énervera de constater que les jouets qu'il offre à sa fille disparaissent chaque fois mystérieusement chez son ex-conjoint. D'accord, on comprend que cela puisse être agaçant à la longue. Mais raisonnez-vous : votre ex ne se livre pas à un trafic international de marchandises derrière votre dos. Elle ne revend pas sur une brocante tout ce que vous avez acheté. Surtout, dites-vous bien que c'est l'intérêt des enfants qui prime. Quelle importance si les achats de l'un terminent chez l'autre ? Après tout, l'essentiel est qu'ils en profitent. N'en dressez pas la liste comme si vous vouliez estimer les mérites de chacun. Sinon, vous risquez de ne plus vous en sortir. Autant embaucher un huissier de justice à demeure pour lui confier le soin de se livrer à l'inventaire quotidien de vos dépenses... Un peu de sérieux : tout ce que vous risquez de gagner, c'est de passer pour les rois de la mesquinerie et du petit calcul sordide. Tâchez de ne pas rester dans une logique d'affrontement. De même que les achats ne doivent pas compenser un manque affectif ni contribuer à atténuer votre sentiment de culpabilité, ils n'ont pas vocation à se transformer en outils de combat dans l'éventuel conflit avec votre ex-conjoint. Et, qui sait ? Peut-être en arriverez-vous un jour à ouvrir un compte bancaire commun que vous approvisionnerez à deux afin de couvrir leurs dépenses quotidiennes : frais de santé, d'école, de loisirs, etc. Évidemment, un tel fonctionnement implique, outre des revenus comparables, un minimum d'entente et de sérénité entre vous. Aujourd'hui, cela vous semble relever de la franche utopie. Mais réfléchissez tout de même : la formule est pratique et mérite que vous l'examiniez de près...

Travaillez vos points forts !

Bon, inutile de tomber dans l'excès inverse : évitez de téléphoner à la mère de vos enfants dès que vous avez envie de leur offrir une crème glacée afin de la consulter sur le choix du parfum. Personne ne vous demande de vous concerter sur *tous* les petits détails de la vie quotidienne. Souvenez-vous : le mieux est l'ennemi du bien, disait le sage. La vie risque de devenir assez vite étouffante si vous ne conservez pas une solide marge d'autonomie. La transparence absolue fatigue vite. L'essentiel est de se tenir au courant : rien de tel qu'un petit bilan régulier pour savoir ce qui manque dans les armoires. Et plutôt que de confier à vos enfants le soin d'informer l'autre parent des dépenses indispensables, autant vous acquitter de cette tâche directement. À chacun son boulot. D'ailleurs, rien ne vous empêche de mettre sur pied une répartition des rôles en fonction de vos spécialités. L'un de vous deux se sent plus à l'aise pour choisir les vêtements quotidiens ? Très bien. L'autre préfère se concentrer sur les affaires de sport ? Parfait. Autant utiliser au mieux les compétences de chacun. Même recommandation si vous souhaitez leur « offrir » des loisirs : ne cherchez pas à vous lancer dans une course de vitesse effrénée. Ne vous offusquez pas si votre ex-femme est la première à les conduire au Parc Astérix ou à bord de l'Eurostar. Le monde est assez vaste pour vous laisser quantité d'autres occasions de le découvrir avec eux. Parfois, il arrive que l'un des deux parents tienne absolument à accomplir tel voyage ou à visiter tel endroit en leur compagnie. Aucune importance : cette envie ne doit pas être interprétée comme la volonté d'entrer en compétition avec l'autre. Plus simplement, il faut y lire le désir de partager un moment fort avec eux, et de se fabriquer une petite galerie de souvenirs personnels qui seront sûrement évoqués avec la larme à l'œil d'ici à quelques années. Si vous êtes passionné de football et rêvez de voir votre fils vous accompagner au stade, allez-y – et plutôt deux fois qu'une ! Si vous brûlez d'emmener votre fille découvrir l'intégrale des films de Laurel et Hardy dont vous êtes un fervent admirateur, pas une seconde d'hésitation ! Vous trouverez là de quoi vous rapprocher encore plus en leur permettant de pénétrer dans votre univers personnel. Vos enfants vous découvriront peut-être sous un jour inattendu. Et cela ne fera qu'approfondir encore la qualité de votre relation et des journées que vous partagerez avec eux à l'avenir...

9

La santé, c'est du travail !

Même dans vos pires cauchemars, vous n'aviez pas osé imaginer ça. Pourtant, c'est le genre de scénario que tout père célibataire doit affronter un jour. Vous voilà chez le médecin où vous accompagnez votre petit dernier. Il n'a rien trouvé de mieux pour se faire remarquer que de vous mitonner une angine carabinée. Pour tout arranger, la salle d'attente est bondée. À croire que les gens n'ont rien d'autre en tête que d'aller raconter leurs petits pépins personnels. Le patient en cours de consultation est entré depuis une bonne demi-heure et n'a toujours pas fini de raconter sa vie – à moins qu'il ne soit en train de montrer ses diapos de vacances, allez savoir. Et il reste bien six personnes avant vous. Forcément, votre fils s'impatiente. Il commence à courir partout, comme s'il confondait la salle d'attente avec l'annexe de la cour de récréation. Mais vous restez serein – enfin, vous essayez. Vous vous efforcez de garder tout votre calme et lancez de temps à autre des sourires à ceux qui vous entourent, l'air de dire :

« Ah, c'est qu'il est turbulent, hein ? » Mais au lieu de vous réconforter avec bienveillance, votre voisin revêche vous décoche un coup d'œil courroucé qui vous accable et vous culpabilise. Vous, doux rêveur, auriez tellement aimé qu'il vous dise : « Bah, que voulez-vous, c'est normal, il est encore petit ! » Du coup, histoire de montrer que vous n'êtes pas du genre à abdiquer votre autorité, vous passez votre temps à vous lever pour ramener le gamin sur son siège et le sermonner vertement, en attendant avec impatience de vous réfugier dans le cabinet du toubib... Le cauchemar ! On vous l'avait bien dit : les enfants, c'est du souci. Et la santé des enfants, c'est vraiment un TRÈS GROS souci. Entre les petites poussées de fièvre qui laissent perplexe (« Qu'est-ce que je fais ? J'appelle SOS Médecins ou pas ? »), les bagarres entre frères et sœurs qui tournent mal (« Papa, il m'a lancé son camion en métal dans la figure ! Et ça saigne très fort ! ») et les vomissements d'origine inconnue qui surviennent à 3 heures du matin (« Bon, réfléchissons : est-ce la faute des raviolis ou des trois parts de gâteau au chocolat qu'il a ingurgitées ? »), le malheureux père célibataire se trouve vite affligé de violents maux de tête provoqués par les innombrables questions qui se bousculent. Prenez votre mal en patience : à la longue, vous maîtriserez la situation. Sans aller jusqu'à vous transformer en un dictionnaire Vidal ambulant, vous aussi finirez par triompher des aléas de santé de vos enfants...

La santé, c'est compliqué

Au début, c'est vrai, rien n'est simple. Il faut le reconnaître : le père célibataire n'est pas toujours très à l'aise – doux euphémisme – avec les questions de santé. Ce n'est pas son domaine de compétence naturelle. Il hésite parfois. Il s'interroge souvent. Il se tâte beaucoup. Pour peu qu'il soit de nature distraite, alors là, c'est la fin des haricots. Il y a ceux qui donnent le sirop une fois sur trois. Ceux qui confondent systématiquement toux grasse et toux sèche (entre nous, l'exercice est délicat. Tous ceux qui se sont déjà posé la question pourraient raconter les longues heures passées à écouter soigneusement les raclements de gorge de leurs enfants, l'oreille collée contre leur poitrine, sans être capables de se prononcer avec certitude). Les inquiets de nature qui en font des tonnes et se précipitent chez le médecin dès que le thermomètre affiche 37°. Et, à l'inverse, les inconscients qui continuent à lire leur journal alors que la température frôle les 41°, persuadés que patience et longueur de temps suffiront à ce que tout rentre dans l'ordre. À sa décharge, il faut dire que le père célibataire a des excuses. Du temps de sa vie de couple, il avait tendance à déléguer à la mère. Laquelle ne se faisait guère prier, persuadée que la santé relève de son domaine réservé. Quand elle n'accablait pas le malheureux père en lui reprochant d'être incapable de s'en occuper sérieusement. Mais ce temps est révolu. Aujourd'hui, il se retrouve seul à la barre. Il s'interroge : qu'est-ce qui va bien pouvoir lui tomber sur la tête ? Connaissant sa chance naturelle, c'est justement le jour où il garde ses enfants que déferle une épidémie de grippe espagnole. Comme de juste, leur mère est injoignable. Avoir un bébé, c'est encore pire : il pleure, donc il a mal quelque part. Jusque-là, nous sommes d'accord. Mais mal où, exactement ? Et à cause de quoi ? On comprend que le père se fasse parfois du souci...

Certains choisissent d'appeler le médecin à la moindre fièvre, même si sa visite se révèle parfaitement inutile. Quitte à se voir gratifier d'un sourire entendu gentiment ironique, du style : « Dites donc, mon vieux, vous ne seriez pas du genre à vous noyer dans un verre d'eau, vous ? » Ils s'en moquent. Leur principe : il est préférable de passer pour un angoissé que d'être obligé de foncer aux urgences parce qu'on ne s'est pas assez inquiété. Une position qui se défend, en vertu du fameux adage « mieux vaut prévenir que guérir ». Plus économique et tout aussi efficace : vous pouvez donner un simple coup de téléphone à une structure médicale comme SOS Médecins ou les Urgences médicales afin de demander un avis. Là, on vous écoutera attentivement avant de décider s'il est nécessaire de vous envoyer quelqu'un. Entraînez-vous à décrire en quelques mots et avec la plus grande précision la situation de votre enfant. Soyez capable, si on vous le demande, de donner toutes les indications demandées : sa température, ses antécédents, les éventuels médicaments prescrits, son poids, etc. Cela vous évitera d'attendre plein d'impatience la visite de l'homme de l'art pour obtenir un premier diagnostic. Il n'est jamais très drôle de se retrouver debout à 2 heures du matin avec un gamin fiévreux et somnolent dans les bras, en train de guetter un médecin qui devrait être arrivé depuis maintenant une heure comme on vous l'avait pourtant promis...

À l'aide !

En plus, quand on est seul, on s'angoisse facilement. C'est humain. À deux, au moins, on peut se rassurer mutuellement. Il est toujours possible de confronter les points de vue. L'un se repose et reprend des forces tandis que l'autre s'occupe de l'enfant et lui apporte les soins nécessaires. Tout seul, il est conseillé d'avoir les épaules solides. Tout devient plus délicat. Bien sûr, vous pouvez toujours apprendre par cœur les conseils glanés au fil des pages des bouquins médicaux. Vous abonner à tous les magazines spécialisés disponibles dans les kiosques. Assaillir de questions les mères de votre connaissance en espérant obtenir d'elles astuces et trucs pratiques. À défaut de faire jouer la solidarité féminine – et pour cause... –, jouez sur la solidarité parentale : appelez-en à leur sens de la maternité. Malgré tout, il n'empêche que personne ne sera à vos côtés au moment de vous faire une idée sur la gravité du mal. C'est à vous seul de prendre la décision d'appeler ou non le médecin. Puis de jouer les petits infirmiers quand le besoin s'en fait sentir. Alors, là aussi, c'est le moment de passer en revue votre entourage. Déclenchez votre plan personnel d'urgence ! Si vous avez plusieurs enfants, appuyez-vous le plus possible sur les plus grands : ils ne demanderont pas mieux que de se rendre utiles et de jouer les adultes en herbe. Appelez à la rescousse parents, amis et voisins. Cherchez bien : vous avez sûrement parmi vos proches quelqu'un capable de veiller sur votre petit malade pendant que vous allez acheter les médicaments à la pharmacie. Peut-être même vous le garder quand vous devez partir travailler. Faites fonctionner à fond la solidarité de voisinage et familiale. C'est pour la bonne cause : celle de la santé de vos enfants...

À chacun son tempérament

À ce stade de l'exposé, une question doit être posée. Au fond, les pères et les mères adoptent-ils vraiment le même comportement en matière de santé ? Doit-on conclure à une différence radicale d'attitude selon le sexe ? En un mot, ne sommes-nous pas foncièrement inégaux face à ce grave sujet ? Beau thème de réflexion. Si aucune expérience n'a été menée en laboratoire pour répondre à cette interrogation du plus haut intérêt, un sondage spontané mené auprès d'un échantillon de papas célibataires ne laisse planer aucun doute : non, hommes et femmes ne vivent pas la santé de la même manière. Pour résumer, là où les unes sont mortes d'inquiétude, les autres sont du genre père peinard. Quand les mères imaginent le pire, eux prennent du recul et analysent froidement la situation. Ils recueillent toutes les données du problème avant de délivrer une conclusion frappée au coin du bon sens et de la rigueur scientifique. Elles stressent pour un rien tandis qu'ils maîtrisent leurs nerfs. Ce n'est pas parce que la température joue les alpinistes à en faire exploser le thermomètre qu'ils rameutent la terre entière. « Du calme, moussaillons ! » : telle est leur devise. Une devise pas toujours facile à assumer au quotidien. Souvenez-vous de la longue liste de reproches que vous deviez supporter du temps de votre vie en couple. Pour résumer, le père ne serait pas suffisamment à l'écoute des pépins de santé de ses enfants, trop insouciant et pas assez réactif. La mère, elle, serait toujours prête à se jeter sur le moindre signe avant-coureur de la maladie comme la misère sur le pauvre monde afin de la terrasser en deux coups de cuillerée de sirop. Et ce n'est pas tout : non seulement il ne s'affole même pas devant le moindre petit bobo, mais en plus il trouve le moyen de râler à l'idée de sortir la voiture à 2 heures du matin pour aller se procurer des médicaments. Un vrai monstre, ce type ! Une créature indigne des devoirs de sa charge et des responsabilités familiales qui pèsent sur lui ! Bon. De son côté, il juge la mère trop angoissée. Du genre à s'affoler pour un rien et à voir dans un vulgaire mal de ventre provoqué par un abus de chocolat une crise d'appendicite aiguë. Si on la laissait faire, une ambulance du Samu stationnerait en permanence au pied de l'immeuble, prête à intervenir au moindre toussotement suspect. Il trouve ça un peu fatigant : il n'a pas envie d'avoir des enfants surmédicalisés ni de contribuer plus que de raison à creuser le trou de la Sécu. Bref, en ce temps-là, les discussions liées à la santé donnaient parfois naissance à un véritable psychodrame au sein de feu votre couple. Avouez-le : ne vous est-il jamais arrivé d'enfiler un pantalon en pleine nuit et de foncer à la pharmacie de garde sous une pluie battante, tout ça pour couper court à une discussion pénible et enrayer la crise qui menaçait ? Mais désormais, c'est terminé. Maintenant, quand ils sont à vos côtés, c'est vous qui décidez. À vous de juger s'il faut appeler le médecin, ou bien si un suppositoire bien dosé doublé d'un bain chaud suffit à enrayer une fièvre qui s'emballe. Plus besoin de s'inquiéter au moindre pet de travers. Personne n'est mieux placé que vous pour prendre la décision qui s'impose, avec ce *self-control* qui vous caractérise si bien... Et tant pis si leur mère ne partage pas votre vision de la situation. D'autant que cette divergence de vues n'a rien de dramatique. Grâce à elle, les enfants apprendront que plusieurs réactions sont possibles face à la maladie. À eux de faire leur choix, plus tard, entre la sérénité et la dramatisation...

Faites circuler l'info, merci !

Mais vous n'êtes pas pour autant dispensé de tenir la mère au courant ni de la consulter quand un véritable pépin de santé se produit. Là, bien sûr, vous confronterez vos avis respectifs. Pas question de la jouer « perso » : le couple parental doit continuer à fonctionner, ne l'oubliez pas. Informez-la comme vous aimeriez l'être dans la même situation. Rien de plus agaçant, pour elle comme pour vous, que d'être placé devant le fait accompli et d'éprouver un sentiment d'impuissance en découvrant que tout a été décidé à votre insu. Vous êtes concernés à part égale par l'état de santé de vos enfants. Vous avez, l'un comme l'autre, votre mot à dire. D'autant plus qu'une décision *a priori* bénigne peut vite prendre des allures d'incident diplomatique à cause d'une communication défaillante entre parents. Certains pères célibataires souffrent justement d'être trop souvent mis à l'écart, comme s'il n'était pas nécessaire de leur rapporter un événement soi-disant sans gravité – une vaccination, par exemple. Ils peuvent s'imaginer que la mère tient à conserver une mainmise sur la relation avec le monde médical. La distance et la séparation rendent plus difficile une juste appréciation de la situation : il est donc préférable de transmettre tous les éléments d'information pour permettre à l'autre de se faire une idée précise. Une visite chez le médecin, banale du temps de l'existence du couple, peut prendre une importance démesurée et susciter quantité d'interrogations chez le parent qui n'a pas les enfants avec lui. Autant le rassurer sans tarder afin d'éviter tout malentendu. Et ainsi couper court aux éventuels reproches...

Avec moi, pas de comédie !

Une autre bonne raison de veiller à tout se dire : c'est le meilleur moyen d'empêcher les enfants de profiter de l'ignorance de leurs parents. On l'a déjà dit : ces gredins sont passés maîtres dans l'art subtil consistant à changer d'attitude et de personnalité au gré de leurs déplacements. Ils peuvent être en forme olympique durant leur séjour chez leur mère et – à les entendre, tout du moins – au bord de l'agonie chez leur père. C'est tout de même étrange : chez elle, ils ne tenaient pas en place. Ils confondaient son appartement avec une piste d'athlétisme. Chez vous, ils se traînent lamentablement. Les voilà soudain qui vous conjurent d'être aux petits soins pour leur pauvre santé. Vous avez dit « bizarre » ? C'est suspect, en effet. « Ils somatisent, voilà tout », diagnostiqueront certains. Peut-être. « Ils simulent, plutôt », diront les autres. Possible. En tout cas, ils ont trouvé là le moyen d'être choyés plus que de raison. Attention : ils se révèlent de véritables experts pour imaginer des stratagèmes destinés à ce que l'on s'occupe d'eux. Et le pire, c'est que ça marche... Vous avez donc intérêt à ne pas prendre tout ce qu'ils vous disent au premier degré. Sinon, vous risquez fort de passer votre temps à les trimbaler chez les médecins. Faites-leur bien comprendre que leurs tentatives sont vouées à l'échec : avec leur mère, vous vous tenez informés heure par heure des évolutions de leur état. Rien ne vous échappe. Alors, pas question de jouer les malades imaginaires chez l'un et de sauter en l'air comme un cabri chez l'autre...

Le droit de savoir

S'il rencontre quelques difficultés pour recevoir de la mère toutes les précisions qu'il désire obtenir sur les soins dont bénéficient ses enfants, le père peut toujours s'adresser à leur médecin traitant. Celui-ci est en effet tenu de porter à sa connaissance le diagnostic qu'il a délivré et le traitement prescrit. Les deux parents sont tous les deux responsables de leur progéniture : ils ont donc le droit de bénéficier de la même information. Certains se plaignent d'avoir du mal à en savoir plus. Ils ont l'impression que les membres du corps médical jugent parfois inutile de les tenir au courant. Comme s'ils estimaient suffisant d'avoir un seul interlocuteur – la mère – et comme s'il ne voulait pas s'ennuyer à tout répéter au père. Si c'est le cas, n'hésitez pas : insistez. Ne lâchez pas prise. Faites bien comprendre que vous vous impliquez au même titre que votre ex-conjoint dans le suivi quotidien de vos enfants, et qu'il vous est absolument indispensable de ne rien ignorer de la moindre décision les concernant. Autre point important : quand les rapports avec la mère sont particulièrement tendus ou conflictuels, veillez à vous procurer les coordonnées téléphoniques du médecin référent. En particulier si vous vivez loin de vos enfants, et si cet éloignement vous empêche de les voir aussi souvent que vous l'aimeriez. Car la distance ne favorise pas toujours un échange idéal des informations. Les petits événements de la vie quotidienne – comme un contrôle de routine ou une maladie sans gravité – ont facilement tendance à ne pas être rapportés à l'autre. Par mauvaise volonté ou, tout simplement, par négligence. D'où l'intérêt de pouvoir joindre régulièrement le généraliste ou le spécialiste concernés afin de rester en prise avec l'évolution de la situation. Pensez-y : c'est un réflexe utile...

Père célibataire, vos papiers !

Le père célibataire ne doit pas seulement veiller au respect de son droit à l'information. Il se trouve aussi en butte à des problèmes d'ordre bêtement pratique. Il doit parfois composer avec des détails qui n'ont l'air de rien, mais qui n'ont pas leur pareil pour l'agacer. On le comprend. L'exemple classique : la prise en charge par la Sécurité sociale des frais médicaux engagés. Comme les enfants sont, dans la plupart des cas, « rattachés » à la mère, c'est donc elle qui en bénéficie. Même si c'est lui qui a réglé la consultation. Pas grave, direz-vous : il suffit de s'arranger ensuite avec elle pour obtenir le remboursement des dépenses. Certes. Mais ce n'est pas forcément aussi simple. D'abord, il n'ose pas toujours réclamer. Par pudeur, par générosité, par grandeur d'âme ou par crainte de s'entendre accabler de reproches. Du genre : « Quoi, les petits sont malades et tu ne penses qu'à tes vingt euros ? » (Et encore, nous n'envisageons même pas l'hypothèse de la visite chez le spécialiste non conventionné conseillé par la meilleure amie de votre ex, aux tarifs douloureusement proportionnels à sa réputation.) Ensuite, ce genre de calcul se révèle à l'usage fastidieux et source de complications quotidiennes. Quand il ne vire pas à la prise de bec franchement mesquine, calculette à la main et noms d'oiseaux à la bouche. Et lorsque les sommes avancées pèsent leur poids en euros, le père risque de creuser un trou dans sa trésorerie en attendant de rentrer dans ses frais. Même chose si les consultations se répètent à intervalles réguliers : en vertu du principe selon lequel les petits ruisseaux donnent naissance aux grandes rivières, il a tôt fait de transformer son compte courant en une version moderne du tonneau des Danaïdes.[1] Autre souci pratique et motif d'aga-

---

1. L'article 12 de la loi du 4 mars 2002 sur l'autorité parentale vise à remédier à cette situation (voir le « Pense-bête »).

cement : le carnet de santé. Celui-ci n'existe malheureusement qu'en un seul exemplaire. Il faut donc choisir : le laisser chez la mère ou chez le père. Comme de juste, c'est toujours quand il en a besoin que ce dernier constate son absence. Et au dernier moment, en plus : allez savoir pourquoi, la maladie ne prévient pas de son arrivée, rendant ainsi impossible toute gestion prévisionnelle du lieu de dépôt du carnet. Résultat : le voilà chez le médecin, bien obligé de répondre « non » à la question rituelle (« Vous avez le carnet de santé avec vous ? »). Au risque de passer pour un distrait (au mieux) ou un irresponsable (au pire). Franchement pénible. Surtout si c'est la mère qui a oublié de le rapporter après sa dernière visite. Enfin... peu importe ces quelques menus tracas. L'essentiel reste que le père célibataire finisse par maîtriser ces soucis qu'il jugeait insurmontables quelques mois plus tôt. Il découvre alors que l'obligation de prendre en charge la santé de ses enfants modifie son rapport avec eux et l'image qu'il a de lui-même. En devenant plus responsable, il se trouve conforté dans son rôle. En un mot, il se sent plus fort. À moins, bien sûr, d'être à son tour victime d'une grippe sournoise au détour de l'hiver. Car le malheureux n'a personne pour veiller sur lui. Là, il doit vraiment se dépatouiller tout seul. Mais ça, c'est une autre histoire...

10

Le père célibataire est (aussi) un animal social

La fréquentation assidue de nombreux papas seuls, doublée d'une observation attentive de leurs conditions d'existence, nous autorise à assener cette vérité profonde : le père célibataire n'est pas seulement père. Il est aussi célibataire. Au-delà de l'évidence, nous voulons insister sur une donnée essentielle : il y a une vie après la vie de père célibataire. Ou plutôt, il existe une autre vie *pendant*. Autrement dit, il ne s'agit pas de vous consacrer exclusivement à vos nouvelles responsabilités, si absorbantes soient-elles. Certes, les tâches qui vous incombent désormais exigent de vous un dévouement et une disponibilité dignes d'un saint-bernard. Une bonne partie de votre temps, de votre argent, de votre énergie et de votre enthousiasme sera réservée à vos enfants. C'est tout à votre honneur. Néanmoins, il serait dommage que votre horizon se borne à votre seule mission d'éducation. Il n'est dans l'intérêt de personne – ni le vôtre, ni le leur – de délaisser tout ce qui relève des plaisirs de l'existence. Précision : quand nous insistons sur le mot « célibataire », ce n'est pas dans le but de vous inciter à retrouver sans tarder l'âme sœur qui vous fait peut-être défaut. Pas question de s'immiscer dans votre vie sentimentale.

Plus modestement, nous souhaitons mettre l'accent sur votre grande disponibilité et sur la nécessité de l'utiliser au mieux. Pendant que vos enfants sont chez leur mère, vous ne mettez pas vos activités entre parenthèses. Eh bien, rien ne vous interdit non plus de vous consacrer de temps à autre à vos occupations personnelles quand ils partagent votre quotidien. Ne soyez pas écrasé de culpabilité pour autant. Certes, votre relation se construit dans la durée. Le temps passé ensemble est un facteur essentiel de sa qualité. Mais ne vivez pas avec un chronomètre à la place du cœur : ce n'est pas le décompte obsessionnel des minutes partagées qui dira si vous jouez correctement votre rôle. Pour votre bon équilibre, il vous est nécessaire de continuer à voir des gens, à mettre le nez dehors, à penser à autre chose qu'au prochain repas ou au programme du week-end. Vous aussi, vous avez envie – et besoin – de mener une vie sociale digne de ce nom. Rien ne vous empêche d'ailleurs de les emmener avec vous et de leur faire partager certaines de vos sorties. Tout le monde y gagnera : vous, parce que vous n'aurez pas l'impression d'étouffer. Vous vous serez accordé une respiration bienvenue. Eux, parce que vous aurez contribué à élargir leur horizon. C'est aussi ça, l'objectif d'un père célibataire...

Changement de vie, changement de rythme

Ne nous leurrons pas : les premiers mois, c'est vraiment difficile. Concilier les exigences de sa nouvelle vie et ses habitudes sociales tient de la gageure. La plupart des pères célibataires le confirment : au début, ils ont tendance à se consacrer exclusivement à leur fonction paternelle. Ils choisissent de faire une croix sur leur existence personnelle. Ne parlons même pas de ceux qui se voient confier les enfants à plein temps : pendant quelques mois, c'est tout juste s'ils se souviennent que la Terre continue à tourner. Les échos du monde leur parviennent comme assourdis. Ils n'ont guère le loisir d'accorder une oreille distraite à ce qui se passe autour d'eux. Et dès qu'ils bénéficient d'un (court) moment de libre, ils en profitent pour dormir et reprendre des forces... Quant à ceux qui pratiquent la résidence alternée, ils mettent souvent un point d'honneur à ne rien faire d'autre pendant leurs quelques jours avec les enfants. Ils se considèrent comme entièrement disponibles. Ils ne pensent vraiment à eux que dans l'entre-deux, quand ils sont seuls. Et encore : ils vivent avec la date de leur retour en ligne de mire. Ils planifient leur prochain séjour. Ils s'organisent pour les repas, les sorties et les inévitables petits soucis du quotidien. Ils prennent régulièrement des nouvelles par téléphone ou par e-mail. Bref, ils n'oublient jamais vraiment leurs responsabilités. Et dès qu'ils les retrouvent, ils replongent. En attendant leur prochaine période de « liberté », ils endossent leur habit de père célibataire responsable et dévoué. Tel Zorro enfilant son costume, ils oublient leur identité pour mieux se vouer à leur mission. Pour leurs envies à eux, on verra plus tard. Repassez la semaine prochaine ou dans quinze jours.

Les raisons invoquées sont bien connues. L'équation est d'une simplicité mathématique digne d'une classe de cours élémentaire : manque de temps + manque d'argent = un papa coincé à la maison. Ajoutez un soupçon de culpabilité – « Je ne vais tout de même pas me libérer un samedi soir alors que je n'ai les enfants avec moi que jusqu'au dimanche en fin d'après-midi ! ». Retirez l'envie de sortir – « Bof, pour quoi faire, de toute façon ? Quand ils seront chez leur mère, j'en profiterai pour penser à moi ». Résultat : vous obtenez la situation type du père célibataire qui s'enferme peu à peu dans sa petite vie domestique. Au risque de s'isoler et de s'étioler. De se couper du monde et de ses amis. Il vit au rythme de ses enfants : il calque ses distractions et ses loisirs sur les leurs. Il renonce – provisoirement, mais il renonce tout de même – à tout ce qui avant le motivait, l'intéressait, le passionnait. Autant il considère que rien n'est trop beau pour eux, autant il en vient à se refuser tous ces petits plaisirs dont il faisait son miel dans sa vie antérieure. Il considère qu'il n'a besoin de rien tant qu'ils sont à ses côtés. Du moins le croit-il. Ou alors, il fait semblant de le croire. Funeste erreur ! S'il ne veut pas finir tout racorni, avec une conversation aussi passionnante que la lecture du bilan financier d'une multinationale, il a intérêt à se secouer. Non, la Terre ne cesse pas de tourner pendant qu'il veille sur sa petite famille. Oui, il se passe quantité d'événements passionnants de l'autre côté de sa porte. Et, oui, il a parfaitement le droit, lui aussi, d'en profiter pleinement. Même quand ses enfants vivent sous son toit. Même s'il ne les a que quelques jours ou quelques heures. La vie personnelle du père célibataire ne doit pas alterner des phases d'ombre et de lumière, au gré de leur présence et de leur absence.

Circulez, il y a plein de choses à voir !

Le père célibataire doit donc adopter ce principe de survie : il faut sortir pour s'en sortir. Et s'il a du mal à s'accorder un soupçon de liberté, qu'il médite cette remarque pleine de sagesse délivrée par l'un de ses « collègues », du haut de son expérience de plusieurs années : « Tout ce qui fait du bien au père fait du bien aux enfants ! » Ce qui peut aussi se traduire par : « À père épanoui, enfants épanouis. » Dit comme cela, ça va mieux ? Vous vous sentez enfin autorisé à penser un peu plus à vous ? Vous oublierez à l'avenir ce sentiment de culpabilité qui vous retenait bloqué entre quatre murs ? Espérons-le. De toute façon, si vous persistez dans le refus de continuer à vivre votre vie, vous risquez fort de courir droit vers la déprime. Et cela n'a rien de positif ni d'enrichissant pour vos enfants, reconnaissez-le ! Pour bien s'occuper d'eux, il est indispensable d'être bien dans votre peau. Un père vaguement dépressif, frustré, renfrogné et prompt à céder à la colère parce qu'il éprouve le sentiment de se trouver enfermé – au propre comme au figuré – ne constituera jamais un modèle d'équilibre. À moins de choisir une méthode d'éducation par l'absurde et de vouloir montrer tout ce qu'il est préférable d'éviter... Mais il n'est pas certain que cette démarche donne des résultats. Mieux vaut installer un climat propice au bien-être de tous ceux qui vous entourent. Et au vôtre, bien entendu.

Quels sont vraiment les obstacles qui vous en empêcheraient ? L'argent ? Personne ne vous demande de vider votre compte bancaire chaque fois que vous sortez de chez vous. Si vos amis ne partagent pas vos soucis financiers et continuent à vous proposer des distractions au-delà de vos moyens, n'hésitez pas à leur faire comprendre que vous avez parfois du mal à les suivre. Un petit resto ou une séance de cinéma de temps en temps ne vous mènera pas à la ruine. Vous passerez un moment agréable et rentrerez chez vous avec la satisfaction d'avoir « décompressé ». Vous en aurez profité pour refaire le plein d'énergie : vous serez en forme pour mieux vous occuper de la maison. Le temps dont vous disposez ? C'est vrai qu'il se fait de plus en plus rare quand vos enfants partagent votre quotidien. Mais qui vous interdit de recourir aux services d'une baby-sitter ? Ah, sûrement un reste de culpabilité mal placée... Maudite culpabilité ! Voilà encore un ennemi redoutable pour le père célibataire. Vous êtes persuadé qu'il est de votre responsabilité d'être présent en permanence quand ils sont avec vous, c'est ça ? Noble intention. Mais si vous ne les accueillez que le week-end, vous risquez de devoir répondre par la négative chaque fois que vous serez invité à une fête ou à un dîner. Comme ce genre d'événement est organisé dans la plupart des cas le samedi soir, vous voilà condamné à vous priver de bon nombre d'occasions de voir du monde. Alors qu'il serait si simple de recourir aux services de la petite voisine ou de la jeune fille qui garde régulièrement les enfants de vos copains. En plus, vous pouvez être certain que les vôtres seront très heureux de cette pointe de nouveauté. Ils s'habitueront très vite à elle. Ils risquent même de vous réclamer sa venue avec insistance. C'est parfois un peu vexant : on finit par se demander si tout le mal que l'on se donne est récompensé, et si notre présence et notre travail sont reconnus à leur juste valeur... Mais dites-vous bien que si elle revient régulièrement, cela vous permettra de sortir en sécurité. Vous serez certain qu'elle connaît leurs habitudes et sait comment s'occuper d'eux. Partez confiant : la baby-sitter veille...

Car à force de vous priver, vous risquez de vous retrouver un jour avec une belle collection de regrets sur les bras. À la manière de ce père célibataire longtemps soucieux d'assurer une présence quasiconstante auprès de ses enfants. Quelques années plus tard, il se dit qu'il aurait dû garder un peu plus de temps pour lui. Aujourd'hui, il ne commettrait pas la même erreur. Il sait qu'il est indispensable de se ménager des plages de liberté : elles aident à se sentir plus léger et plus disponible. Elles évitent de « craquer » nerveusement. Elles permettent aussi de réfléchir à la situation afin de prendre les bonnes décisions dans la sérénité. Ce qui est nettement plus délicat quand vous êtes ballotté dans le feu de l'action et les innombrables corvées journalières. Difficile de mener une réflexion et de se livrer à un exercice d'introspection quand vous êtes accaparé en permanence par les petits détails du quotidien... S'il ne s'offre pas ces instants de respiration, le père a toutes les chances de se montrer impatient, énervé ou carrément ailleurs. Il pourrait même en arriver à voir dans ses enfants des freins à son épanouissement personnel. Un comble, non ?

Papa, tu nous lâches un peu, dis ?

Vous n'êtes toujours pas convaincu ? Votre mauvaise conscience persiste à vous aveugler ? Décidément, vous êtes coriace... Dites-vous alors que l'intérêt de vos enfants EXIGE que vous lâchiez un peu de lest. Si vous ne le faites pas pour vous, faites-le au moins pour eux... Pour grandir, ils doivent acquérir leur autonomie. Rien n'est pire pour leur équilibre que de fonctionner sur un mode fusionnel. Créer une petite bulle artificielle en guise de cellule familiale n'a rien d'un gage de bonne éducation, au contraire. Votre objectif consiste à les ouvrir sur l'extérieur, pas à dresser une barrière infranchissable afin de les « protéger » de leur environnement. Ils finiront bien par devoir s'y frotter : autant les préparer dès maintenant. Et qui mieux que vous saurait s'acquitter de cette tâche ? Si vous vous obstinez à les tenir à l'écart des autres, vous allez les rendre furieusement égoïstes. Ils s'imagineront que l'univers tout entier a vocation à tourner autour de leur petit nombril. Après, on vous souhaite bien du plaisir à la maison ! Il ne faudra vous en prendre qu'à vous-même si vous rencontrez les pires difficultés pour vous faire entendre et obéir. En outre, vous risquez de les placer dans une position délicate : les enfants se sentent en effet responsables du bien-être de leurs parents. Ils ont tendance à vouloir les « réparer ». À leur apporter réconfort et soutien. Ils peuvent se considérer comme les garants de votre bonheur et vouloir veiller sur vous en permanence – ce qui n'est pas tout à fait leur vocation... Attention à ne pas inverser les rôles !

Il est donc indispensable qu'ils se forgent sans tarder une vie sociale bien à eux. D'ailleurs, ils sont souvent les premiers demandeurs. Ne vous vexez pas s'ils vous suggèrent gentiment de vous absenter de la maison ce soir, histoire de leur permettre de passer un moment tranquille avec les grands-parents ou la baby-sitter. Ou s'ils réclament de dormir une nuit chez leur copain ou copine de classe, lequel prévoit justement d'organiser une de ces « pyjama-parties » dont ils raffolent. Et n'allez pas imaginer que ce genre de requête ne survient qu'à l'adolescence : dès la maternelle, ils manifestent l'envie de faire l'expérience de l'autonomie. Réjouissez-vous : c'est plutôt une bonne nouvelle. Et rassurez-vous : il vous reste encore quelques belles années avant de connaître vos premières angoisses nocturnes provoquées par un retard d'une demi-heure sur l'horaire de retour imposé. Mais vous y viendrez vite... N'hésitez pas non plus à les emmener pour une soirée chez vos amis. Si ces derniers sont eux-mêmes pères ou mères de famille, c'est encore mieux : vos enfants pourront nouer de nouvelles amitiés, en dehors du cadre de l'école ou des relations de voisinage. Et si vous connaissez d'autres pères célibataires, profitez-en pour organiser des sorties avec vos enfants respectifs. Vos contraintes et vos conditions de vie ne sont probablement pas très différentes et devraient favoriser des activités en commun. Pendant qu'ils s'amusent, rien ne vous empêche d'échanger conseils et suggestions. Vous pouvez aussi participer à des réunions organisées par les associations de pères. Certes, leur objectif n'est pas de favoriser des rencontres entre participants, mais d'apporter une aide lors d'une séparation. Cela dit, vous côtoierez d'autres papas dont l'expérience est proche de la vôtre. De manière générale, prenez soin d'instaurer quelques règles de bon sens concernant les horaires et les jours des sorties. Celles-ci seront plutôt déconseillées la veille des journées d'école, par exemple. Mais surtout, surtout, continuez à vivre votre vie et partagez-la le plus possible avec eux. Là encore, vous leur donnerez la possibilité d'ouvrir leur regard sur le monde. Et vous pourrez ainsi vous réjouir d'avoir correctement accompli votre devoir de père...

On retourne à l'école ?

Les pères célibataires éprouvent souvent le sentiment désagréable d'être coupés du quotidien de leurs enfants. Ceux qui habitent loin d'eux et ne les reçoivent qu'une ou deux fois par mois peuvent très bien ignorer tout ou presque de leur vie de tous les jours. Tout dépend de la qualité de leur relation avec la mère et de l'échange d'informations entre eux deux. Ceux qui ont la chance de vivre près de chez elle et de les voir plus régulièrement peuvent cependant souhaiter s'investir davantage dans leur éducation. Participer à leur vie sociale, s'intégrer à leur univers, se tenir informés des petits ou grands événements qui tissent la trame de leur existence :

autant d'intentions partagées par de nombreux pères célibataires qui n'entendent pas abdiquer leur droit de regard sur le devenir de leurs enfants.

De ce point de vue, l'école leur offre la possibilité d'être encore plus présents. Elle constitue un excellent baromètre de l'évolution de la personnalité de ces chers petits, de leurs joies ou de leurs angoisses. Les enseignants sont souvent les mieux placés pour déceler les anomalies de comportement et transmettre leurs observations. Le père célibataire bénéficie ainsi de toute une gamme d'« outils » à sa disposition. Malheureusement, il n'en profite pas toujours. Certains se contentent de « consommer » l'école sans chercher à en savoir plus sur ce qui s'y passe. Du moment que leurs enfants sont pris en charge et reçoivent l'enseignement prévu par le programme, ils ne cherchent pas à s'impliquer davantage. Ils se contentent de les accompagner le matin ou de venir les chercher le soir, mais c'est tout. Ils ne vont pas plus loin. Ils prennent rarement le temps de discuter avec les enseignants et le personnel d'encadrement. Peut-être se sentent-ils en porte-à-faux dans leur nouveau statut de père célibataire, ou gênés par le regard des autres. Peut-être estiment-ils que leur légitimité vis-à-vis de l'école n'est pas suffisamment affirmée. À moins qu'ils ne craignent, quand les rapports avec les mères sont conflictuels, d'envenimer cette relation. C'est dommage. D'autant plus dommage qu'ils ont parfois plus de difficultés qu'elles à intégrer ces « réseaux » d'information que constituent l'école ou la crèche. Autant elles s'arrêtent facilement pour échanger points de vue et impressions avec les autres mamans, autant les pères, eux, sont plutôt du genre à se concentrer sur la relation exclusive avec leur enfant. Après un rapide « bonjour-bonsoir », ils le récupèrent et s'en retournent chez eux. Comme si c'était une marque d'efficacité professionnelle, et comme s'ils n'avaient pas de temps à perdre en conversations. Et pourtant... S'ils le souhaitent, ils peuvent trouver quantité d'occasions d'en savoir plus sur la vie quotidienne de leurs enfants. Entre l'appartenance à une association de parents d'élèves, les discussions avec les enseignants, les conversations avec les animateurs du centre de loisirs et un rendez-vous avec le médecin scolaire, le psychologue ou l'assistante sociale, ils disposent largement de quoi être informés. Mais attention : en théorie, ils ont droit à cette information au même titre que l'autre parent. En pratique, c'est à eux d'aller la chercher. Il leur faut accomplir les démarches nécessaires pour l'obtenir. Ainsi, ils doivent penser à demander qu'on leur envoie le livret scolaire tous les trimestres. Ils doivent prendre la peine de consulter le compte rendu du Conseil d'école, affiché sur les murs. Et on ne peut que leur conseiller de se renseigner sur les visites médicales prévues. Ce qui ne constitue certes pas un effort surhumain si le père a la chance de vivre près de l'école. Mais se révèle nettement plus délicat quand plusieurs centaines de kilomètres l'en séparent...

Les sorties organisées sont aussi un bon moyen de suivre de près le parcours de ses enfants. Il est toujours fait appel aux bonnes volontés pour encadrer un groupe d'élèves lors d'une manifestation sportive ou culturelle : si vos obligations professionnelles vous le permettent, portez-vous volontaire ! D'abord, vous affirmerez votre présence auprès de l'école. Vous montrerez que vous vous intéressez à la vie scolaire de votre fils ou de votre fille, et qu'il est donc légitime de vous tenir au courant de son évolution. Ensuite, il ou elle se réjouira – enfin, jusqu'à un certain âge... – de vous voir à ses côtés et de vous présenter à ses copains de classe. Si vous le pouvez, soyez présent aussi lors de la fête annuelle de l'établissement : les parents sont toujours invités à préparer un plat ou à tenir un stand. N'hésitez pas non plus à solliciter régulièrement un rendez-vous avec ses professeurs, histoire de faire le point sur le trimestre écoulé et de montrer, là encore, votre volonté de vous impliquer. Même si votre enfant ne vous voit pas tous les jours, il saura que vous êtes venu les rencontrer. Et il s'en réjouira : vous lui témoignez ainsi tout l'intérêt que vous lui portez.

Joyeux anniversaaaaiiire !

N'oubliez pas : dans une école, il n'y a pas que des élèves. Il y a aussi leurs parents. Et, en particulier, ceux des copains et copines de vos enfants. De nombreux pères célibataires sont ainsi devenus amis avec le papa ou la maman de leurs rejetons. Cette condition partagée de parent d'écolier permet de se découvrir des intérêts et des préoccupations communs. Elle accélère une relation naissante et débouche parfois sur des liens forts et durables. Elle peut favoriser une amitié qui ne se serait peut-être jamais révélée en dehors du contexte scolaire. Aussi, favorisez les rencontres. Accompagnez vos enfants aux anniversaires auxquels ils sont conviés. N'hésitez pas à préparer vous-même une petite nouba pour souffler leurs bougies. Ou alors, si c'est leur maman qui organise régulièrement leur goûter d'anniversaire, pensez à célébrer leur fête en invitant chaque année leurs camarades : comme cette tradition s'est un peu perdue, vous en profiterez justement pour la relancer. Il n'y a aucune raison pour que vous ne prévoyiez pas, à votre tour, une petite sauterie chez vous. Rien ne vous empêche non plus – à condition de ne pas vivre trop éloigné, bien sûr – d'accueillir leurs amis et leurs parents en dehors de toute célébration « officielle ». L'arrivée de l'été, l'acquisition d'une nouvelle console de jeux ou tout simplement l'envie de passer un bon moment peuvent fournir le prétexte idéal à ouvrir grandes les portes de votre appartement. Préparez-vous à affronter une smala de gamins enthousiastes et bruyants – mais tellement sympathiques. Vous verrez, c'est une expérience qui vaut d'être vécue...

Ne vous croyez pas obligé de faire appel aux

services de ces sociétés spécialisées dans l'organisation d'un goûter d'anniversaire et des repas de fête : vous pouvez très bien vous en charger tout seul. Prévoyez un bon gâteau au chocolat – c'est le plus important –, des poignées de bonbons de toutes les couleurs et quelques bouteilles de jus de fruits. Inutile d'encombrer la table avec de la nourriture en abondance : dans ce genre d'occasion, les enfants se contentent de grignoter. Ils sont surtout préoccupés par la fête et par leurs jeux. Si vous n'avez pas peur de passer l'aspirateur pendant une heure après leur départ, faites-leur plaisir en achetant une grande boîte de confettis et de cotillons. Organisez quelques distractions comme la pêche à la ligne en appartement – un classique indémodable. N'hésitez surtout pas à demander un coup de main à un autre parent : face à une meute de gamins déchaînés, on n'est jamais trop prudent... Notre pronostic : vos enfants seront ravis. Ils adoreront vous présenter à leurs copains. Pour eux, il est important de montrer à quoi ressemble leur existence avec vous et le cadre dans lequel vous vivez. Même s'ils ne vous le disent pas, ils seront rudement fiers de faire partager un morceau de votre intimité à tous les deux...

Papa et maman, c'est comme les Beatles !

Reste une question : les ex-conjoints peuvent-ils s'autoriser à passer un moment ensemble en compagnie de leurs enfants ? Peut-on les imaginer partant tous à bord de la même voiture un dimanche après-midi pour une balade en forêt ou une séance de ciné, telle une « vraie » famille ? Quand on leur pose la question, les pères célibataires font plutôt la moue. Ils déconseillent l'exercice. Car les enfants ne renoncent jamais à voir leurs parents réunis. Ils risquent de fantasmer sur leur scénario favori : « Chouette, ça y est, papa et maman ont enfin décidé d'habiter à nouveau sous le même toit ! » Tout comme de nombreux amoureux des Beatles ont longtemps cru au grand *come-back* des quatre garçons dans le vent, les enfants s'imaginent toujours que le retour en arrière est du domaine du possible. Sans compter que les deux « ex » risquent de revivre, même l'espace de quelques heures, les tensions qui plombaient le climat familial avant leur séparation. Méfiance, donc. Sans aller jusqu'à poser en règle intangible le principe de l'interdiction absolue, mieux vaut ne pas trop répéter ce genre d'expérience. Ces sorties ou réunions « comme avant » doivent être réservées à des occasions exceptionnelles – Noël ou un anniversaire, par exemple. Et à condition que les deux parents se montrent capables d'éviter de s'enguirlander pour des broutilles...

11

Vacances ? Vous avez dit « vacances » ?

Hourra ! Cette fois, ça y est : le temps des vacances est arrivé. Vous attendiez ce moment avec impatience. Vous voilà tel un écolier à la fin du mois de juin, prêt à sauter en l'air et à crier votre bonheur à tue-tête dans la rue. Mais pour tout dire, vous vous sentez un peu fatigué. On le comprend (ceux qui se demandent pourquoi n'ont qu'à relire les chapitres précédents). Maintenant, vous pouvez en témoigner : élever seul ses enfants – à plein temps comme à mi-temps – ne ressemble que de très loin à une cure de repos. Là, vous allez enfin pouvoir penser à vous. Mais ne vous réjouissez pas trop vite, tout de même. En réalité, vous allez devoir continuer à penser à vous ET à eux. Même pendant les congés, la vie de père célibataire continue. D'emblée, une mise au point s'impose : tous ceux qui s'apprêtent à partir pour la première fois seuls avec leurs enfants doivent se débarrasser de leurs bonnes vieilles habitudes. Oublier le temps où ils pouvaient tranquillement piquer une tête dans la piscine pendant que Madame jouait les baby-sitters. Renoncer à la petite sieste impromptue suivie d'une plongée dans un polar, loin des contingences bassement matérielles du quotidien. Tout ça, c'est terminé. Désormais, comme vous le savez, vous êtes seul. Et durant les vacances, vous vous en apercevrez très vite, ce mot prend vraiment tout son sens...

On part quand ?

Les soucis surviennent tôt : dès le moment où il faut arrêter la période de vos congés. *A priori*, l'exercice n'a pourtant rien d'une tâche insurmontable. En pratique, il peut se révéler nettement plus compliqué s'il s'agit de se mettre d'accord avec la maman. Comme par hasard, vous avez envie de partir tous les deux au même moment. Ou bien vos chefs de service respectifs, toujours aussi inspirés, n'ont rien trouvé de mieux que de vous attribuer des dates identiques. Amusant, non ? Concilier les envies et les disponibilités de chacun relève parfois du casse-tête. Encore plus depuis que les possibilités de réduction du temps de travail viennent multiplier les occasions d'escapades – et donc les conflits possibles avec votre ex. Il y a de la négociation dans l'air... Autre sujet de discussion serrée : le lieu de villégiature. Vous avez justement prévu de vous partager les enfants, histoire de leur permettre de profiter de leurs deux parents pendant ces quelques semaines où vous êtes plus disponibles. Belle idée. Seulement, pas question de vous envoler pour le Népal tandis que leur mère sillonne la côte normande : la distance risque de compliquer les échanges. D'accord, personne ne vous demande de loger dans le même hôtel pendant quinze jours en vous installant chacun à un étage différent. Mieux vaut tout de même vous concerter un minimum sur la destination de chacun... Il est donc recommandé de ne pas attendre le dernier moment. Autant se libérer l'esprit afin de savourer dans les meilleures conditions une période de l'année privilégiée pendant laquelle vous êtes censé vous reposer. En théorie, au moins. Car les vacances du père célibataire comportent leur dose de soucis. De celles qui donnent parfois naissance aux souvenirs émus et amusés – mais alors longtemps, très longtemps après. Tout commence à l'heure du départ. Et même la veille...

Le jeu de la valise

Ce jour-là, le père célibataire met la dernière main aux préparatifs. Il ne doit compter que sur ses propres forces pour boucler les valises. Or, l'épreuve est rude pour le débutant, trop souvent persuadé que le nécessaire de voyage se réduit à une serviette de bain, quelques bons bouquins pour la plage et deux ou trois vêtements jetés en vrac. « C'est l'été, se dit-il, pas besoin de grand-chose pour s'habiller. »

Grave erreur ! S'il part en location, il ne doit omettre ni les draps de rechange, ni les torchons. Prévoir du papier hygiénique, des allumettes et de la litière de rechange s'il emmène son chat. Après tout, on ne sait jamais ce que l'on va trouver sur place. Bref, il convient de penser à tous ces ustensiles auxquels, justement, on ne pense jamais, tellement ils font partie de notre vie quotidienne. L'idéal, bien sûr, serait de dresser la liste des objets à emporter. En terminant de boucler péniblement les bagages, on se jure bien de tout noter sur un papier afin de ne pas être pris au dépourvu la prochaine fois. Mais, malheureusement, l'expérience le prouve : on s'empresse d'oublier très vite cette bonne résolution. Ensuite, il est fortement recommandé de se munir d'un panier contenant quelques en-cas : gâteaux, boissons, jouets de première nécessité, etc. Indispensables si l'on veut s'assurer la paix sociale durant le trajet. Ah, le trajet (soupir)... Normalement, c'est là que commencent les vraies vacances. C'est à cet instant précis qu'on laisse derrière soi la routine de la vie quotidienne pour oublier tous nos soucis. C'est pendant cette période d'entre-deux que l'on commence à revivre. L'œil gourmand s'écarquille à la vue de nouveaux paysages, les narines se laissent envahir par des senteurs d'été, l'esprit s'ouvre aux promesses d'un monde meilleur... C'est bien joli, tout ça. Mais si vous le voulez bien, attendons un peu avant de commencer à rêver. Car le trajet, pour le père célibataire, c'est avant tout du boulot. Et pas des plus reposant.

Bon voyage ! (et bon courage)

D'abord, quel moyen de transport va-t-il choisir ? Pour les courtes ou moyennes distances, une sérieuse réflexion s'impose. Train ou voiture ? Le train offre le mérite d'être moins fatigant. Il suffit de fermer les yeux pour se laisser bercer par le ronronnement régulier des roues sur le rail. Sauf que vous n'aurez guère le loisir de fermer les yeux. L'inconvénient du train peut se résumer à la manière d'une loi d'Archimède : tout père célibataire accompagné d'enfants passe très vite du statut de héros sympathique (« Tu as vu le monsieur ? Comme il a du mérite ! ») à celui d'emmerdeur patenté (« Ils ne vont pas se taire, ses mômes ? »). Au risque de déclencher des pulsions de défenestration chez ses compagnons de voyage, incapables de supporter plus longtemps les cris stridents, les pleurs et les courses dans l'allée centrale. Sans même parler de la difficulté à trouver de la place pour installer le matelas pneumatique, la cargaison de poupées et les valises bourrées à craquer – lesquelles finissent toujours par s'ouvrir sous la poussée d'animaux en peluche attirés par l'appel du grand large. Donc, la sagesse suggère d'opter pour l'automobile. Quitte à en louer une si vous n'en possédez pas. Ne vous alarmez pas si les conditions de voyage et de confort rappellent les diligences au temps du Far West : c'est normal. Le coffre, par exemple, se trouve vite empli à ras bord jusqu'à gêner la visibilité. La plage arrière est envahie par des jouets dont vous ne soupçonniez même pas l'existence deux jours plus tôt. La place du passager sera occupée par le panier de victuailles évoqué plus haut, dans lequel vous piocherez afin de calmer l'ardeur des troupes installées sur la banquette arrière. Et justement, parlons-en, des passagers assis derrière vous. Dans votre dos, il s'en passe de drôles. Cris, batailles rangées, tirage de cheveux et jets de chaussures constituent l'ordinaire du père célibataire en route pour ses vacances. Tous les témoignages concordent : dans ces conditions, la tentation fugitive de les abandonner sur une aire d'autoroute est un réflexe classique et naturel. Passons sur l'envie de pipi intempestive (de préférence au beau milieu d'un embouteillage monstre). Oublions les phrases rituelles (exemple : « On arrive bientôt ? », question classique posée en général dans les dix minutes qui suivent le départ). Combien de pères célibataires transformés en conducteurs martyrs ont cru devenir fous lors de ce moment d'intimité passé en compagnie de leurs enfants ? Au moins, quand on est deux, celui qui ne conduit pas a tout loisir d'organiser des jeux ou de jouer les gendarmes en civil. Sa mission : bien faire comprendre que la voiture ne doit pas ressembler à une cour de récré. Pour un homme seul, c'est plus délicat. Sauf à s'arrêter tous les quarts d'heure afin de rétablir un minimum de calme. Ce qui, on en conviendra, est tout bonnement inenvisageable sur un long parcours, à moins d'être prêt à passer la moitié du temps de vacances dans l'habitacle confiné du véhicule. Certes, vous avez toujours la possibilité de pousser le cri primal tous les cinquante kilomètres, histoire de rappeler qui est le maître à bord. L'effet est garanti. Et en plus, ça défoule. Mais la durée d'efficacité reste limitée. Le truc s'épuise vite : au bout d'un moment, vos insupportables passagers se disent que, finalement, vous n'êtes pas aussi méchant que vous en avez l'air. Et repartent de plus belle à l'assaut de vos nerfs – quand ils ne couvrent pas votre voix par leurs hurlements. Pour résumer, la voiture présente un immense avantage : vous avez tout de suite un avant-goût de vacances. Aucun doute n'est permis. Vos congés ressembleront à tout, sauf à un moment de détente...

On va où ?

Bonne question. En apparence, vous avez le choix. Entre la randonnée en (petite) famille au bout du monde, le séjour nature en pleine campagne ou le farniente au bord de la mer, il y en a pour tous les goûts. En réalité, tout dépend du budget. Justement, celui du père célibataire indique une fâcheuse tendance à la baisse depuis que celui-ci a commencé sa nouvelle vie. Vous l'avez sûrement constaté, vous aussi : votre budget prend un malin plaisir à s'opposer sournoisement à vos projets. Et le coût des vacances devient, plus que jamais, un critère essentiel au moment de choisir votre destination. Surtout quand vous devez continuer à verser une pension alimentaire au mois d'août alors que c'est vous qui supportez la charge des enfants pendant ces quelques semaines – ce qui agace, à juste titre, bon nombre d'hommes divorcés. Le choix du lieu doit répondre à deux critères. D'abord, permettre aux enfants de s'amuser. Ensuite, permettre à leur père de se changer les idées ET de se reposer. Ça n'a l'air de rien, dit comme ça. Pourtant, c'est là que réside toute la difficulté. Trop souvent, le père célibataire inexpérimenté envisage ses congés comme une partie de plaisir. Il s'imagine pouvoir oublier son stress et ses soucis. Il se voit déjà en train de buller pendant que ses mômes s'amusent sagement à côté de lui, heureux et détendus. Quel grand naïf, celui-là... Et son rôle de père, alors ? Et la discipline ? Et sa mission d'éducation ? Et les corvées de la vie quotidienne ? « Bah, c'est les vacances ! », répond-il dans un grand sourire. Sous-entendu : on ne va tout de même pas s'embêter à reproduire le cadre aliénant que l'on doit supporter le reste de l'année, non ? Eh bien si, justement. Car l'inconvénient, voyez-vous, c'est que l'été, la vie continue. Vacances ou pas vacances. À la mer comme à la ville. Il faut toujours préparer à manger, laver les vêtements, faire les courses. Si vos moyens vous le permettent, vous pouvez louer les services de quelqu'un pour s'occuper du linge ou du ménage une fois par semaine. Mais quoi qu'il en soit, il vous faudra vous occuper des enfants. Toute la journée. Et tout seul, par-dessus le marché ! Là, on en voit qui sourient un peu moins... Pour peu qu'il pleuve et que vous manquiez de place – louer une villa de douze pièces avec piscine n'est, hélas, pas à votre portée cette année –, vous en viendriez presque à attendre avec impatience la reprise du travail...

On fait quoi ?

Avant, souvenez-vous, tout était simple. Balades en famille, jeux sous la surveillance attentive et bienveillante de papa et maman, partage des rôles et des responsabilités entre les deux parents... Bref, l'équilibre parfait. Doux souvenirs... Maintenant, fini de rire. Désormais, vos vacances seront placées sous le signe d'un mot fatidique : ACTIVITÉS. Dès le réveil, il viendra tambouriner sous votre crâne jusqu'à l'obsession. Vous vous creuserez la tête en permanence. Vous perdrez le sommeil et l'appétit afin de trouver le meilleur moyen d'occuper une horde de gamins désœuvrés (précision : la horde commence avec deux enfants seulement). Des gamins en butte à leur principal ennemi : l'ennui. Vous ne devrez jamais perdre de vue cette vérité toute simple, ô combien cruelle pour vous : en vacances, l'enfant s'ennuie vite. Vraiment très, très vite. C'est fâcheux, mais c'est ainsi. Et, bien entendu, il compte sur vous pour lui faire passer des journées inoubliables. Résultat : la recherche désespérée d'activités constitue l'occupation principale du père célibataire. À plus forte raison s'il est accompagné de plusieurs enfants et d'âges différents. Là, tout se complique : ils n'ont ni les mêmes goûts, ni les mêmes rythmes. Avec un peu de chance, l'un sera encore en âge de faire la sieste. Vous pourrez ainsi reprendre des forces tout en jetant un œil du côté de l'aîné afin de vous assurer qu'il ne tente pas de battre le record de plongée en apnée dans la piscine. Ou encore feuilleter fébrilement la pile de brochures généreusement mises à disposition par l'office de tourisme local. Car le père célibataire est une cible de choix pour les offices de tourisme et autres syndicats d'initiative. En général, il visite tout ce qui est humainement visitable dans un rayon de plusieurs dizaines de kilomètres autour de son lieu de villégiature... « Et c'est comme ça tout le temps ? », s'inquiètent certains, affolés à l'idée de voir leurs sacro-saintes vacances sacrifiées sur l'autel de leurs responsabilités de père et consacrées à la traque frénétique d'occupations en tout genre. Allons, du calme. Après tout, c'est l'affaire de quinze jours. Un mois tout au plus. En cherchant bien, il doit sûrement exister une solution. Tiens, par exemple, vous avez déjà pensé à partir en club ?

Bienvenue au club !

On dira ce que l'on voudra, mais le club de vacances, c'est la providence du père célibataire. Imaginez : vous allez enfin pouvoir assouvir votre vieux fantasme consistant à mettre les pieds sous la table en attendant d'être servi... Le rêve, non ? Bon, en vérité, vous devrez quand même vous lever de temps en temps pour aller remplir votre assiette. Mais, au moins, vous n'aurez rien à préparer. Ce qui fait une sacrée différence avec votre quotidien habituel, avouez-le. C'est l'avantage des formules proposées par les clubs : vous libérer au maximum des corvées qui vous empoisonnent l'existence le reste de l'année. Pas besoin de cuisiner, pas de courses à l'horizon, des idées d'activités en pagaille, toujours quelqu'un de disponible en cas de petit souci... Le paradis, ou presque. Les pieds dans l'eau et les orteils en éventail, vous n'avez plus qu'à vous consacrer en toute tranquillité à vos congés et à vos enfants. Et eux ne seront pas les derniers à se réjouir, croyez-le bien. Les plus âgés ont toutes les chances de rencontrer plein de chouettes copains sur place. Ne vous étonnez pas trop de les voir disparaître dès le réveil et de les retrouver fourbus le soir venu. Tant mieux, tant mieux : c'est le signe qu'ils sont contents de leur journée. Quant aux plus jeunes, encore trop petits pour se balader en toute liberté, vous pourrez les confier le temps d'une demi-journée aux bons soins des animateurs recrutés à cet effet. Et pas de mauvaise conscience déplacée, s'il vous plaît : il ne s'agit pas de vous débarrasser d'eux, mais de leur permettre de profiter de spectacles et de jeux que vous seriez bien en peine de leur proposer si vous étiez tout seul. Pendant ce temps-là, vous n'aurez qu'à penser un peu à vous. Les vacances doivent être un plaisir pour tout le monde – ce qui inclut le père célibataire. Et dites-vous que malgré toute votre bonne volonté, vous ne savez pas tout faire. Laissez aux professionnels présents sur place le soin d'organiser des tours de magie, des ateliers de peinture ou des jeux nautiques. À chacun sa spécialité. Profitez-en pour vivre pleinement de votre côté. Vous serez plus disponible pour vos enfants quand vous vous retrouvez : ce sera le moment idéal pour vous balader, prendre des cours de voile ou partir à la pêche aux crustacés avec eux. En plus, vous aurez le sentiment de vous reposer vraiment, au lieu de vous endormir harassé par les multiples tâches domestiques. Oubliés, la fatigue et l'énervement qui composent trop souvent votre menu quotidien. Adieu le stress, bonjour *fitness* : vive le club !

Tarif réduit pour le petit, merci !

Avant de tout oublier, n'oubliez pas une dernière chose : restez vigilant au moment du choix de votre prestataire de vacances. Comparez attentivement les différentes offres. Montrez-vous tout particulièrement attentif aux conditions financières proposées pour l'hébergement. Heureusement, de ce côté-là, la situation s'améliore : aujourd'hui, le père célibataire qui part en club ou en voyage collectif ne se voit plus systématiquement tenu de payer plein tarif pour l'enfant qui l'accompagne. Les voyagistes l'ont bien compris : ils ont tout intérêt à chouchouter cette population en pleine croissance. Il n'y a encore pas si longtemps, quand il restait un spécimen aussi rare et incongru que le fameux dahu, leur calcul était d'une simplicité mathématique absolue : deux lits = deux adultes = double tarif. Point final. Désormais, la plupart accordent des réductions. Mieux : ils le clament haut et fort. Ceux qui octroyaient traditionnellement de telles faveurs tarifaires sans pour autant les transformer en arguments de vente se mettent à les inscrire noir sur blanc dans leurs brochures. L'expression « famille monoparentale » n'est même plus un tabou et figure parfois en toutes lettres. Décidément, les temps changent. C'est fou comme les pères célibataires sont devenus des gens fréquentables dont la compagnie est recherchée... Les avantages consentis varient selon l'âge de l'enfant et la destination choisie : absence de majoration sur le prix de la chambre, réduction sur le forfait ou diminution du coût de la semaine. En revanche, les prestations proposées en matière d'activités et d'encadrement restent les mêmes que celles prévues pour les familles

« classiques ». Logique : les modes de garde et les animations organisées dans la journée bénéficient de la même manière à tous les enfants, qu'ils accompagnent leur seul papa ou leurs deux parents. À vous de scruter avec minutie les descriptifs des catalogues. Attention : ne vous fiez pas aux apparences. Certains peuvent proposer des tarifs plus compétitifs que leurs concurrents mais vous infliger quantité de suppléments pendant la durée du séjour... Ce genre de surprise est toujours désagréable, surtout si votre budget est calculé au plus juste. Il est rageant de devoir se priver alors que vous étiez persuadé, en arrivant sur place, de n'avoir plus rien à débourser. Privilégiez donc les formules où tout est compris une bonne fois pour toutes afin d'éviter les déconvenues de dernière minute. C'est la garantie de vacances sans souci. Autre précaution : afin d'alléger au maximum le poids du budget, bannissez toutes les dépenses facturées en supplément. Le plus souvent, elles relèvent du superflu. Comme la télévision dans la chambre, par exemple. Ou les sodas à volonté. Franchement, ils ne sont pas indispensables... Allez, hop, on élimine !

Salut les copains !

Vous ne voulez vraiment pas tenter l'expérience ? Affronter le regard des autres en affichant votre condition de père célibataire vous effraie ? Vous restez persuadé – à tort – que de gentils animateurs vont vous forcer à chanter des chansons idiotes, le crâne couvert de plumes multicolores et le visage peinturluré à la manière d'un grand chef sioux ? Pas de club, donc. C'est dommage. Mais personne ne peut vous obliger : c'est vous qui décidez. En même temps, la perspective de vous retrouver quinze jours en tête à tête avec vos enfants sans disposer d'un seul moment de repos vous accable d'avance. Pour avoir vécu cette expérience inoubliable et épuisante, on vous comprend. Vous n'avez guère envie de reprendre le boulot sur les rotules, aussi crevé que vous l'étiez la veille de votre départ – et vous avez bien raison. Quelles solutions, alors ? Certains ont la chance de pouvoir profiter d'une maison de famille. Tant mieux pour eux : rien de plus agréable et rassurant, pour les petits comme pour les grands, que de retrouver chaque année un cadre familier. D'autres choisissent de s'installer à proximité des grands-parents des enfants. C'est pratique, en effet. À une condition : veiller à ne pas se marcher les uns sur les autres. Il est impératif de respecter l'autonomie de chacun. Sinon, « vacances » risque de rimer avec « bonjour l'ambiance ! »... Reste le séjour à plusieurs avec une bande de copains. Si possible, avec des copains accompagnés d'enfants. Tous ensemble dans une grande maison où chacun disposera de sa chambre, avec vue sur la mer et jardin à domicile – tant qu'à faire, autant voir grand. De quoi exaucer ce vieux rêve de communauté que vous n'avez jamais osé réaliser du temps de votre jeunesse. Les avantages d'une telle formule sautent aux yeux. D'abord, si vous êtes assez nombreux, les frais de location seront réduits. Entre trois semaines pas trop chères dans une maison de huit pièces et quinze jours au même prix dans un studio riquiqui, le choix s'impose de lui-même. Ensuite, vous répartirez les tâches et les corvées. Vous ne serez jamais seul au moment de préparer à manger, de faire les courses ou de laver le linge. Chacun utilisera au mieux ses compétences : si vous êtes plus doué pour distraire les mômes et les faire rigoler que pour inventer chaque jour un menu différent, aucune importance. Dans le groupe, il y aura forcément un cordon-bleu capable de prendre en charge les repas. Autre avantage : vos enfants ne passeront pas leurs journées à vous supplier de vous occuper d'eux et à clamer leur ennui. Ils joueront avec les autres – ou avec vos amis. Non seulement vous ne serez pas obligé de vous creuser la tête dès le réveil pour prévoir le programme de la journée, mais en plus, petit veinard, vous aurez du temps À VOUS. Du temps pour dormir et pour vous balader. Ou pour ne rien faire du tout si vous en avez envie. Il vous suffira d'organiser des tours de garde avec les autres parents. Le soir, vous pourrez même vous livrer à une activité presque oubliée depuis que vous avez entamé votre nouvelle vie : vous pourrez SORTIR. Il suffira de faire appel à une baby-sitter. Et comme vous partagerez les dépenses, vous pourrez renouveler l'opération aussi souvent que vous le voudrez – enfin, aussi souvent que votre santé vous le permettra. Et la nuit, pas de souci en cas de pépin de santé : vous ne serez pas tout seul s'il faut foncer chez le médecin du village voisin à 2 heures du matin. C'est sécurisant. Bref, vous passerez de VRAIES vacances. Plutôt tentant, non ?

Mon père, ce héros

Soyons honnête : partir avec sa progéniture ne comporte pas que des désagréments. L'amour-propre trouve largement son compte. Le regard des autres est particulièrement gratifiant. L'espèce « père célibataire accompagné de ses enfants » suscite l'admiration. Certes, personne ne vous cédera sa place à la boulangerie du village, ni ne partagera avec vous son coin de plage conquis de haute lutte. Néanmoins, quelle jubilation intérieure que de vous montrer parfaitement autonome dans leur éducation, aussi à l'aise chez le poissonnier qu'en excursion avec tout votre petit monde. Parfois, c'est vrai, dans l'esprit de certains retardataires aveugles face aux mutations de la société contemporaine, le père célibataire n'est guère qu'un motif d'apitoiement. Vous lisez leurs pensées dans leurs yeux : « Ben dis donc, le pauvre ! Il ne doit pas rigoler tous les jours... » Les sots ! Ils ne sont vraiment pas dans le sens de l'Histoire, ceux-là. Ils ignorent tout des joies de la paternité en solo (et de ses contraintes aussi, les veinards !). Ne leur accordez qu'un vague regard de commisération et passez votre chemin en redressant la tête. Et surtout, ne commettez pas les erreurs classiques du débutant. Évitez de vous égosiller en demandant pour la énième fois à votre fils de replier sa serviette de bain au lieu de rêvasser. Ne vous mettez pas en boule parce que votre fille vient malencontreusement de laisser tomber votre téléphone portable dans le sable. N'oubliez pas : les cris intempestifs font toujours mauvais genre. Ils risquent de briser net votre merveilleuse statue de père méritant. Laissez ces déplorables manifestations de colère aux parents classiques, même pas capables – alors qu'ils sont deux, eux ! – de rester calmes avec leurs mômes. Le père célibataire digne de ce nom n'éprouve jamais le besoin de crier pendant ses congés. Il ne se laisse pas gagner par l'énervement. En public, tout du moins. Mais en privé, n'hésitez pas à évacuer le stress, l'inquiétude et l'agacement accumulés tout au long de la journée. Vous verrez : pendant ces quelques jours, ce n'est pas ce qui manque. Allez, sur ces considérations, bonnes vacances tout de même !

Et voilà ! Cette fois, ça y est : vous savez tout de la rude existence du père célibataire ! Ses joies, ses angoisses, ses grands moments de bonheur et ses petits coups de *blues*. Vous pouvez reposer ce livre : désormais, c'est à vous de jouer. À vous de faire face à vos responsabilités. Et dans la bonne humeur, s'il vous plaît ! Tâchez de garder en mémoire les quelques conseils de bon sens délivrés au fil des pages. Arrêtez de vous poser trop de questions. Cessez de vous demander si vous serez à la hauteur. Ne sous-estimez pas votre capacité à vous en sortir. Vous avez sûrement trouvé dans ces pages de quoi réfléchir à votre condition. Vous vous sentez prêt à affronter la réalité quotidienne. « Un homme averti en vaut deux », affirme le dicton. Que dire de vous, alors ? Au moins, vous ne pourrez pas prétendre qu'on ne vous avait pas prévenu de ce qui vous attend ! Il vous reste à apporter votre contribution à la grande saga des pères célibataires. Qui sait ? D'ici quelque temps, peut-être donnerez-vous à votre tour de précieux conseils à des débutants... Mais assez parlé : place à l'action. Tiens, vous entendez justement des bruits suspects du côté de la chambre de vos enfants. À moins qu'il ne soit déjà l'heure de préparer à dîner... Allez, respirez un grand coup et répétez une dernière fois : « Oui, je peux le faire ! » Et maintenant, au travail. Bon courage !

Pense-bête
(petit *vade-mecum* du père célibataire)

1. Le congé de paternité

Depuis le 1er janvier 2002, tout père ou futur père de famille bénéficie de plein droit d'un congé lui permettant de conforter le lien qui l'unit à son enfant. D'une durée de onze jours consécutifs pris en une seule fois (dix-huit jours en cas de naissances multiples), il doit débuter avant les 4 mois du nourrisson. Il peut succéder aux trois jours ouvrables accordés par l'employeur pour une naissance, à des congés annuels ou à des jours RTT. Pour en bénéficier, il convient d'informer l'employeur (par lettre recommandée avec accusé de réception) au moins un mois avant la date choisie.

Pour plus d'informations, consultez le site Internet de l'Assurance maladie :

www.cnamts.fr

Lettre type de demande de congé de paternité à adresser à l'employeur (1 mois avant le début du congé) :

Madame, Monsieur,

En vertu de l'article L. 122-25-4 du Code du travail, je vous informe que mon enfant est né (ou devrait naître) le (date). Je souhaite bénéficier d'un congé de paternité à partir du (date du début du congé) jusqu'au (date de fin de congé).

Je vous joins la photocopie du livret de famille (ou de l'extrait d'acte de naissance, ou du certificat médical attestant de la date de naissance prévue).

Je vous prie d'agréer l'expression de ma considération distinguée.

2. Le livret de paternité

Destiné à souligner la place et le rôle du père, le livret de paternité récapitule les droits et devoirs des parents et ceux de l'enfant. Il est envoyé par les caisses d'allocations familiales. Agrémenté de paroles de pères et de propos d'experts (médecins, pédopsychiatres, psychanalystes, etc.), il présente les différentes aides apportées aux familles et propose aussi quelques adresses utiles.

3. Loi du 4 mars 2002 sur l'autorité parentale (Loi n° 2002-305, *Journal officiel* du 5 mars 2002)

Selon l'article 12 de la loi, il est désormais possible de rattacher un enfant à ses deux parents afin de permettre à chacun d'eux d'obtenir le remboursement par la Sécurité sociale des frais médicaux engagés :

« Après l'article L. 161-15-2 du Code de la sécurité sociale, il est inséré un article L. 161-15-3 ainsi rédigé :

« Article L. 161-15-3. – Par dérogation à toutes dispositions contraires, les enfants de parents tous deux assurés d'un régime d'assurance maladie et maternité peuvent être rattachés en qualité d'ayant droit à chacun des deux parents. Les modalités d'application du présent article sont déterminées par décret en Conseil d'État. »

À la date de bouclage de ce livre (juin 2002), ce décret d'application n'avait toujours pas été publié. Consultation du texte sur le site :

www.legifrance.gouv.fr

4. Allocations familiales

En vertu de l'article L. 521-2 du Code de la sécurité sociale et des prestations familiales, les allocations familiales sont versées « à la personne qui assume, dans quelques conditions que ce soit, la charge effective et permanente de l'enfant ». Les deux parents peuvent choisir celui qui en bénéficiera. S'ils sont d'accord pour que les allocations soient versées au père, et si c'est la mère qui les percevait jusqu'alors, celui-ci doit adresser une demande par courrier à la Caisse d'allocations familiales de son lieu de résidence ou à celle qui procède habituellement à leur règlement.

5. Associations

L'École des parents et des éducateurs

Cette association reconnue d'utilité publique propose toute une gamme de services (téléphoner pour s'informer sur les actions menées dans les différentes régions).

• Des consultations individuelles et des débats hebdomadaires permettent d'aborder des thèmes psycho-éducatifs et juridiques. Parmi les sujets traités : « Il ou elle veut aller vivre chez son père », « Comment élever son enfant seul », « Père-fils : comment trouver les mots », « Gérer la post-séparation ou le divorce : comment lui dire ? », etc. Téléphoner pour s'informer sur les actions menées dans les différentes régions.

• Des groupes de parole constitués de parents offrent la possibilité de se confronter à l'expérience d'autres familles. Ils peuvent aider les pères célibataires à déculpabiliser : ceux-ci constatent que les difficultés rencontrées par leurs enfants ne sont pas nécessairement liées à la séparation.

• Inter Service Parents mène un travail d'écoute, de réflexion et d'orientation au service des parents confrontés à des problèmes familiaux.
Tél. : 01 44 93 44 93.
Du lundi au vendredi, de 9 h 30 à 12 h 30 et de 13 h 30 à 17 heures (sauf le mercredi après-midi et le jeudi matin).

• La Maison ouverte est un lieu de socialisation pour les enfants de 0 à 4 ans. Ils s'habituent à la séparation et à la distance avec leurs parents (séparés ou en couple). Ils se préparent ainsi à la découverte de « l'autre » et à l'entrée en maternelle.
Ouverture : le mardi, de 9 heures à 12 heures et de 13 h 30 à 18 heures ; du mercredi au samedi, de 13 h 30 à 18 heures.

• Le Café de l'école des parents organise débats et ateliers sur l'éducation et les relations familiales. Le visiteur est invité à venir discuter et débattre dans un cadre convivial et décontracté. Il peut aussi accéder à Internet et disposer d'une base documentaire.
L'École des parents et des éducateurs
5, impasse Bon-Secours, 75011 Paris.
Tél. : 01 44 93 44 88.

Le Club des papas

Il propose son soutien aux pères divorcés ou séparés. Lieu de rencontres et de dialogue, le Club des papas accueille gratuitement tous ceux qui souhaitent discuter avec d'autres pères de leur situation personnelle, et notamment de leurs relations avec leurs enfants. Les réunions sont ouvertes à tous sans rendez-vous (tous les mardis, de 19 heures à 21 heures). L'adhésion (45 euros par an) permet de bénéficier des consultations d'un avocat spécialisé en droit de la famille et d'un psychothérapeute.
Réunions : 145, rue Belliard, 75018 Paris.
Adresse postale : 39, rue Duguay, 95100 Argenteuil.
Tél : 01 47 23 43 00/01 34 34 04 03.
e-mail : club.papas@free.fr

Le Mouvement de la condition paternelle (MCP)

Créé en 1974, le MCP fédère plusieurs associations à travers la France. Son objectif : promouvoir la coresponsabilité parentale. Préoccupé en priorité par la place de l'enfant dans le cadre d'une séparation, il considère que l'égalité de droits entre le père et la mère reste un principe inscrit dans la loi mais qui manque d'application concrète. Le MCP s'efforce d'obtenir la reconnaissance de cette égalité par les différentes institutions : l'école, la Sécurité sociale, les caisses d'allocations familiales, l'adminis-

tration fiscale, la SNCF, les offices d'HLM, etc. Il organise des réunions hebdomadaires et apporte son aide à l'occasion d'une séparation ou d'une médiation familiale.
FMCP : 144, av. Daumesnil, 75012 Paris.
Réunions : 9, rue Jacques-Hillairet, 75012 Paris (le jeudi à partir de 21 heures).
Tél. : 01 43 41 45 18.
Fax : 01 40 04 94 95.
www.fmcp.org

Fédération syndicale des familles monoparentales

Elle milite en faveur de la coparentalité et de l'obtention de droits identiques par le parent non-gardien. Elle s'est beaucoup impliquée en faveur de la réhabilitation des pères. La Fédération, installée à Paris, tient une permanence téléphonique et oriente les appelants vers les associations locales de province. Celles-ci mettent en place des actions concrètes : groupes de parole, réunions et rencontres, organisation d'activités en commun, entraide pour la garde des enfants, solidarité et soutien entre les parents.
53, rue Riquet, 75019 Paris.
Tél. : 01 44 89 86 80.
http ://perso.wanadoo.fr/c.s.f

6. Livres

Catherine Dolto et Colline Faure-Poirée (ill. de Joëlle Boucher), *Vivre seul avec papa ou maman*, éd. Gallimard Jeunesse/Giboulées, 12 p., 4, 34 euros. Pour aider les plus petits à mettre des mots sur une situation pas toujours facile à vivre (à partir de 3 ans).

Dans la même collection : *Les Papas.*

7. Sites Internet

www.famille-enfance.gouv.fr

Le site du ministère en charge des affaires familiales. Informations sur les droits et les prestations, renseignements pratiques, formulaires en ligne, bibliothèque.

www.dispapa.com

Pourquoi papa ronfle-t-il la nuit ? Comment les araignées tissent-elles leur toile ? Pourquoi doit-on mettre un point sur les « i » ? Des questions amusantes et des réponses éclairantes pour ne plus être un père ignare – enfin, le moins souvent possible...

www.jeunepapa.com

Intitulé « Le site des papas d'aujourd'hui », il est conçu « par des papas, sur les papas, pour les papas ». Il propose informations pratiques, dossiers, débats (« Pour ou contre la fessée ? » suscite de très nombreuses réactions d'internautes), petites annonces et « chats » le lundi soir.

www.kidiweb.com

Vie quotidienne, loisirs, éducation : un site d'information pour tous les parents.

www.france5.fr/maternelles

Le site de l'émission de télévision diffusée sur France 5.

Remerciements

à Jacques Arènes, psychanalyste ; Dr Cassuto, nutritionniste ; Jocelyne Dahan, médiatrice familiale ; Alain Drimmer, psychologue et conseiller familial ; Madame Giraud, directrice de l'école maternelle Émélie (Paris, 19e) ; Nathalie Isoré, de l'École des parents ; Pascal Proust, du Club des papas ; Stéphane Ditchev, de la FMCP ;

et à tous les pères célibataires qui ont accepté de répondre à mes questions !

Table des matières

Achevé d'imprimer en août 2002
sur presse Cameron
par ***Bussière Camedan Imprimeries***
à Saint-Amand-Montrond (Cher)

23-5607-9

N° d'édition : 24296. N° d'impression : 023617/4.
Dépôt légal : août 2002.
Imprimé en France
ISBN : 2-01-235607-9